# カウンセリング概説

馬場謙一・橘　玲子

(改訂版)カウンセリング概説('05)
©2005 馬場謙一・橘 玲子

装幀 畑中 猛　　　s-5

# 児童の心理療法
―心理療法としての遊戯療法：
　非言語的表現を用いた事例を通して―

　本教材の第13章は「児童の心理療法」について解説している章である。ここに紹介した写真は，その児童の心理療法としての遊戯療法の例を示したものである。クライエントであるA子が，さまざまな非言語的表現を使って変化していく様子に注目し，味わっていただきたい。

写真1　風景構成法（セラピストである筆者の佐藤仁美〈以下同〉が模写）。A子は「幼稚園のときこんな家を描いた」「角っこが好き」と言いながら描く。

写真2　箱庭『三つの世界』。左上は，小高い山の上の城、中央は、白雪姫の世界、右下は、アリスの世界。

↑写真3　スクイグル。上段は筆者の線（黄緑）をＡ子が絵にしたもの。下段はＡ子の線（黄色）を筆者が絵にしたもの。
上左：うさぎ，上中：男の子，上右：人を食う花（Ａ子がつけた題名）。下左：ハンググライダー，下中：ヘビ，下右：窓の外を見る子ども２人（筆者がつけた題名）。

↑写真4-1　Ａ子のコラージュ作品１。
「漫画の中から好きな女の子をいっぱい集めた」

↑写真4-2　写真4-1と同時に制作した筆者のコラージュ作品１。
歪んだ地球，水面の背景，城。

← 写真4−3 A子のコラージュ作品2。『クリスマス』豪華なものを集めた。

→ 写真4−4 写真4−3と同時に制作した筆者のコラージュ作品2。『クリスマスの夜』

↑写真4-5　A子のコラージュ作品3。
『クリスマス』ケーキのクロスと立体化。

←写真4-6　写真4-5と同時に制作した筆者のコラージュ作品3。『クリスマス』宗教的ニュアンスでまとめた。

↑写真4-7　A子のコラージュ作品4。
『深紅のバラ』「今まででいちばん思い通りにできた」

←写真4-8　写真4-7と同時に制作した筆者のコラージュ作品4。2人の作曲家の間にたたずむ少女。

➡ 写真5 貼り絵。
上部・A子の作品、下部・筆者の作品。

➡ 写真6 再構成『鏡』。
フィンガーペインティングを切り貼りしたもの。

# まえがき

　20世紀最後の数年は少年たちの驚くような犯罪がたびたび報道された。そして、これまで表面化しなかった児童虐待も増加し、2000年11月にはようやく児童虐待防止法が制定された。児童の自殺はいじめと関係があるかどうかがいつも問題になっていた。これらの事件は21世紀を担う子どもたちに、大人たちがどう援助すべきかを鋭く迫ったものと言える。児童数が次第に減っていく中で、子どもたちを取り巻く状況が決して幸福なものではないことを暗示している。生活が豊かになり、便利になってきているのに、未来に光が見えない閉塞感を子どもたちがキャッチしているのではなかろうか。もちろん子どもたちだけが生きにくいわけではない。大人たちも、自らの生き方がどこかおかしいことに気がついている。近隣社会や家庭、会社での対人関係に苦悩したり、生活の不安から体調を崩すこともまれではなくなった。これまでは近隣社会が相談ごとや支え合う関係を担っていたが、それらの自助力を失ってしまって、現代の私たちは、自由と併せて孤独も引き受けなければならなくなった。今後は家庭や近隣社会、職場などにおいて、新しい人々との関係を模索する時代になるのではないかと思う。

　対人関係の処方箋として、これだけ科学技術が進んでも、だれにでも有効で即効的に効くような妙薬があるわけではない。人と人との関係の中で、生きることの不安、苦痛や孤独、葛藤、悲しみ、耐えられないストレスを受けたとき、どんなふうに人々は癒されるのだろうか。宗教や芸術、自然、信頼できる友人や人々によって癒すことは可能である。そして生き抜く力を自分で見出す方法の1つにカウンセリングがある。心の悩みを相談するなどは、かつての精神主義からは甘えとか恥ずべきこ

とであるとされたが，この風潮は昨今ずいぶん変わってきている。カウンセリングという言葉もごく自然に使われ，受けたいという人たちが増えてきた。また同時に，カウンセラーになりたいという人たちも増えている。カウンセリングの本はたくさん出ているし，カウンセリングの講演会も盛況である。

　カウンセリングを長く実践している人なら，学習や指導も受けないでカウンセリングもどきを行うことが，どんなに危ういことなのか知っている。カウンセラーとして真摯にクライエントの語ることを聴くのも簡単なことではないのである。クライエントへの暖かいまなざしとカウンセリング関係を観察し，クライエントの状態を観察する力も必要である。カウンセラーになるためには，この傾聴と観察という2つの態度を，クライエントとの関係の中で身につける訓練と学習が望まれる。

　カウンセリングを考えるということは心を考えることでもあるが，複雑な心の働きを明快に取り出すことはできない。むしろ心の曖昧さを大切にしながら，その中に変化への可能性があることを理解する姿勢を持つことが重要であろう。カウンセリングを学ぼうとする方々にこの講座が少しでも役に立つことを願ってやまない。

　　　2004年12月

　　　　　　　　　　　　　　　　　　　　　　　馬場謙一・橘　玲子

# 目次

〈口絵〉児童の心理療法 　　　　　　　　　　佐藤仁美　3

まえがき 　　　　　　　　　　　　馬場謙一・橘　玲子　9

1 ── カウンセリングの歴史と定義　　　　　　　馬場謙一　15
　1. カウンセリング（心理療法）の定義 ……………………………15
　2. カウンセリング（心理療法）の前史 ……………………………16
　3. 精神分析の成立 ……………………………………………………18
　4. 心理療法の展開 ……………………………………………………22

2 ── カウンセリングの適用と倫理　　　　　　　橘　玲子　27
　1. カウンセリングが行われている領域 ……………………………27
　2. カウンセラーとは …………………………………………………30
　3. カウンセラーの倫理 ………………………………………………31
　4. カウンセラーになること …………………………………………32

3 ── カウンセリングの種類と方法　　　　　　　馬場謙一　35
　1. カウンセリング（心理療法）の種類 ……………………………35
　2. 各派の心理療法 ……………………………………………………39

4 ── カウンセラーの態度　　　　　　　馬場謙一・橘　玲子　52
　1. カウンセラーの基本的態度 ………………………………………52
　2. フロイトの提言 ……………………………………………………54
　3. ロジャーズの提言 …………………………………………………56

5——カウンセリングの準備　　　　　　　　馬場謙一　60
　　1. 治療者側の準備 ……………………………………………60
　　2. カウンセリングを始める準備 ……………………………63

6——カウンセリングにおける見立て　　　　馬場謙一　70
　　1. 症候学的な見立て …………………………………………71
　　2. 力動的な見立て ……………………………………………75

7——カウンセリングの約束　　　　　　　　滝口俊子　82
　　1. カウンセリング関係を維持するための「約束」………82
　　2. クライエントの秘密への配慮 ……………………………83
　　3. カウンセリングの場所 ……………………………………84
　　4. カウンセリングの時間 ……………………………………85
　　5. カウンセリングの料金 ……………………………………86
　　6. カウンセリングの終わり方 ………………………………88
　　7. カウンセリングに「約束」が必要な理由 ………………89

8——カウンセリングの実際(1)　　　　　　馬場謙一　91
　　1. 治療構造 ……………………………………………………91
　　2. 治療契約と治療的退行 ……………………………………93
　　3. 抵抗分析 ……………………………………………………94
　　4. 転移分析 ……………………………………………………97
　　5. 徹底作業 ……………………………………………………98

9——カウンセリングの実際(2)　　　　　　橘　玲子　100
　　1. カウンセラーの応答 ………………………………………100
　　2. カウンセリングの過程 ……………………………………103

## 10 ── カウンセリングの実際(3)　　　橘　玲子　107
1. クライエントの言葉の世界 …………………………………107
2. カウンセリングの進め方の実際 ……………………………108
3. カウンセラーが出会う困難なこと …………………………109

## 11 ── カウンセリングの理論(1)　　　橘　玲子　116
1. フロイトのパーソナリティ理論 ……………………………116
2. ユングのパーソナリティ理論 ………………………………119
3. ロジャーズのパーソナリティ理論 …………………………121

## 12 ── カウンセリングの理論(2)　　　神村栄一　124
1. 恐怖や不安, 回避行動の変容のための行動療法 …………124
2. うつや落ち込みやすさに対する認知理論・認知療法 ……128
3. 生活上問題となる行為を改善するための行動変容法 ……130
4. 人間関係の中における悪循環をシステムとして捉える …133

## 13 ── 児童の心理療法　　　橘　玲子・佐藤仁美　137
1. 遊戯療法 ………………………………………………………137
2. 遊戯療法の留意点 ……………………………………………138
3. 親のカウンセリング …………………………………………139
4. 事例 ……………………………………………………………139

## 14 ── グループ・カウンセリング　　　橘　玲子　145
1. 集団精神療法 …………………………………………………145
2. エンカウンター・グループ …………………………………147
3. 課題中心のグループ・カウンセリング ……………………149
4. 今後のグループ・カウンセリング …………………………151

15──コミュニティ・アプローチ　　　　　　　　　　神村栄一　153
　　1. コミュニティ・アプローチの特質 …………………………153
　　2. コミュニティ・アプローチの支援のあり方 ………………154
　　3. わが国のコミュニティ・アプローチの状況と課題 ………159
　　4. おわりに ………………………………………………………167

〈資料〉臨床心理士倫理綱領　　　　　　　　　　　　　　　　168

　索　引　　　　　　　　　　　　　　　　　　　　　　　　　171

# 1. カウンセリングの歴史と定義

　本章だけで，カウンセリングないし心理療法の長い歴史の全体を述べることは，ほとんど不可能である。そこで本章では，まずカウンセリングの定義について触れ，ついでカウンセリングないし心理療法がどのようにして生まれたか，特にその基礎とも言える力動的な心理療法がどのようにして成立したかについて述べることにする。

## 1. カウンセリング（心理療法）の定義

　カウンセリング（counseling）ないし心理療法（psychotherapy）とは，治療者・患者間の心理的交流を通して，患者の心身の障害を治療する方法である。それは，一定の技法とやり方（時間，回数，料金，治療者の態度など，構造〈structure〉と呼ばれるもの）を媒介として，治療者と患者の人間関係の中に成り立ち，治療者の言葉と態度が主な治療手段となる。

　類似する言葉に，精神療法，ガイダンスがある。

　精神療法は，心理療法とまったく同義であり，どちらかというと精神科医が好んで使う用語である。

　ガイダンスは，主として現実的問題に関する相談や助言を指しており，例えば進学，就職，資格や単位取得などについて実際的な助言を与えることがこれである。

　カウンセリングとは，狭義には，適応上の問題や現実的な悩みを持つ人を対象とし，心理的交流を通して，悩みの解決と人間的成長を援助す

ることを意味する。現実的問題の解決や心の比較的浅いレベルの変化をめざすものである。これに比して心理療法は，神経症や精神病など，心の病を持つ人を対象にして，パーソナリティや心の深い部分の変化をめざす治療法であり，カウンセリングとはこの点で異なっている。しかし，本章でカウンセリングと心理療法の語を区別して使用していないように，しだいにこの2つの用語は同義に扱われることが多くなっている。

## 2. カウンセリング（心理療法）の前史

### ①原始的な心理療法

　科学的な理念と技法を備えた心理療法は，19世紀に入ってから準備され，19世紀後半にほぼ成立したと考えられる。しかし，特殊な権威を備えた人物が，人格的な影響力を使って病者の苦しみを癒そうとする広義の心理療法は，はるか昔から存在していた。巫女や祈祷師によるまじないはそれに当たるし，カトリックの告解，仏教のざんげ，さらには尊敬する先輩や先生の助言，相談なども心理療法の一種と言えよう。原始的な心理療法の名残りは，青森県下北半島の恐山の呪術的な祈祷や沖縄のユタやノロなどの形で，わが国の民間に今なお伝承されている。

　しかし，科学的な知識が普及するにつれて，これらのいわば秘教的・民間伝承的な療法に代わって，合理的な理念と一定の技法を備えた，専門家による科学的な心理療法が生まれてきた。

### ②メスマーの動物磁気説

　18世紀は，原始的な心理療法と科学的心理療法が混沌としていた時代であったが，その中で科学的心理療法の基礎を築いた人物として注目される人に，メスマー（Mesmer, F.A.〈1734～1815〉）がいる。

　彼は，人間の体内には宇宙を満たしている磁気を帯びた液体が流れており，この体内の磁気の調和や均衡が乱れると病気になるという「動物

磁気説（magnétisme animal）」を唱えた。そして，鉄粉や水を入れたバケ（baque）と呼ばれる大きな桶から四方に出た棒を患者につかまらせ，動物磁気を患者の体内に流入させたり，流出させたりすると称する治療を行った。

　この治療は，奇跡的な効果をあげて，はじめはウィーンで，ついでパリで，市民の間で大評判となったが，やがて山師という批判が強まり，ついに両市において治療活動が禁止されるに至った。

　奇妙な動物磁気説は別として，メスマーが組織的に用いた方法は，現在から見れば強力な暗示作用を伴う催眠の一種と考えることができる。バケに触れさせ，荘重な音楽を鳴らし，その中をいかめしいガウンをまとったメスマーが患者に杖で触れて歩くという光景は，暗示の効果を強める作用を伝えていて興味深い。このメスマーの方法は，暗示とヒステリー現象の関係，場の雰囲気や集団が及ぼす心理作用などを教えており，今日の心理療法の黎明として忘れがたいものがある。

③催眠療法

　催眠術（hypnosis）という名称をはじめて提唱したのは，ブレイド（Braid, J.〈1775～1860〉）である。彼はメスマーの唱えた動物磁気説に反対し，そこで起こっている現象は，一定の物を注視したことによって生ずる生理現象に他ならないとして，合理的な説明を試みた。

　19世紀に入ると，催眠現象がしだいに学者たちの関心を引いていった。19世紀は「ヒステリーの世紀」と呼ばれるように，現代よりもはるかにヒステリー患者が多かったせいもあり，当時，催眠の研究は専らヒステリー患者を対象として行われた。現代に至る科学的心理療法の基礎は，この時代のヒステリー研究によって据えられたと言ってよい。この面で功績のあった学者としては，フランスのシャルコーとベルネームの名を忘れることができない。

シャルコー (Charcot, J.M. 〈1825～1893〉) は，パリのサルペトリエール病院の高名な神経病学者であったが，ヒステリー性の麻痺を持つ患者に対し，治ったあとも催眠暗示によって症状が再現する事実を示し，ヒステリーが心理的原因によって起こることを明らかにした。ベルネーム (Bernheim, H.M. 〈1873～1919〉) は，その師リエボー (Liébeault, A.A. 〈1823～1904〉) と共に，ナンシーに住んだためにナンシー学派と呼ばれるが，この 2 人も催眠の研究を通して，ヒステリー症状が暗示によって生ずるものであることを主張した。サルペトリエール学派とナンシー学派の違いは，前者は，催眠による暗示効果が，それ自体ヒステリー患者の異常性を示しているとしたのに対し，後者は，暗示効果はすべての人間に生じ得るもので，人間の持つ被暗示性に基礎があるとした点にある。この両者は激しい論争を展開したが，結局ナンシー学派の勝利に終わった。そして，シャルコーの弟子バビンスキー (Babinski, J.F.F. 〈1857～1932〉) も，ナンシー学派の考えに同調して，ヒステリー症状が暗示によって生じると主張するに至った。

## 3. 精神分析の成立

### ①催眠浄化法

ウィーンの医師ブロイアー (Breuer, J. 〈1842～1925〉) が 1880 年から 1882 年にかけて治療した患者に，アンナ・O と呼ばれる 21 歳の女子ヒステリー患者がいた。彼女は不治の病にかかった父親の看病中に，感覚脱失を伴う上下肢の麻痺，視力と言語の障害，嚥下困難などの多彩な症状を示すようになった。同時に彼女には，大人の意識状態と幼稚な意識状態を交互に示す二重人格が見られ，その間に催眠状態に時々陥った。ある日ブロイアーが往診すると，彼女はこの催眠状態に陥っていて，自分から水を飲み込めなくなった当時の状況を詳しく話した。すると，そ

の症状は完全に消え，催眠状態から抜け出たあとで，彼女はコップの水を旨そうに飲み干した。つまり，忘れ去っていた過去の体験を感情を込めて想起すると，それに関連する症状が消失することが見出されたのである。

アンナは，自らこの方法を「談話療法（talking cure）」または「煙突掃除（chimney sweeping）」と名付け，他のいろいろな症状についてもこの治療法を続けた。ブロイアーは，この方法から示唆を得て，人工的な催眠状態において過去の外傷体験を想起させる方法を創始し，これに催眠浄化法（hypno-catharsis）と名付けた。ブロイアーの親しい友人であったフロイト（Freud, S.〈1856〜1939〉）は，このアンナの話を聞いて非常な興味を持ったが，これがフロイトに無意識内容の意識化の持つ治療的意義に注目させる端緒となった。

②無意識の発見

精神分析の創始者フロイトは最初，神経病理学者として出発し，1885年，神経病理学者として高名なパリのシャルコーのもとに留学した。当時，シャルコーはヒステリーに多大の興味を持ち，催眠によってヒステリー症状を作り出せることを盛んにデモンストレーションしていた。これを見たフロイトは，当時まだ身体病と考えられていたヒステリーが，催眠という心理的影響によって生み出されること，しかも暗示によって本人が意識せずに種々の行動をするところから，本人の意識しない心の奥底に，意識とは無関係に症状を作り出す領域があるらしいことを知って，心の探求にはじめて大きな関心を寄せるに至った。

1886年，フロイトはウィーンで開業医の道に踏み出したが，患者はヒステリーを中心とする神経症者が主であった。はじめ彼は電気療法やシャルコーと同じ催眠暗示を用いていたが，1889年，催眠の技法をさらに確かにするために，ナンシーのベルネームのもとを訪れた。そこで

彼は，後催眠暗示（post-hypnotic suggestion）の現象を観察した。これは催眠下で，ある行動をするように暗示を与えておくと，催眠から覚めたあとで，なぜかわからぬままに暗示通りの行動をしてしまう現象である。フロイトはこの時の体験について，「人間の意識には隠された強力な精神過程の存在する可能性があるという示唆を受けた」と回顧しているが，これらの経験が重なって，やがてフロイトは無意識の発見へと導かれたと考えられる。

#### ③催眠療法から自由連想法の発見へ

フロイトは，催眠暗示による治療をしばらく続けたが，この方法も決して満足のいくものではなかった。そこでフロイトは，以前ブロイアーがアンナ・Oに行った催眠浄化法に着目し，何人かの患者にこれを適用して有望な成果をあげるようになった。

催眠浄化法による治療を続けていくうちに，フロイトはしだいにこの方法にも一定の限界があることに気づいていった。つまり，催眠による効果の多くは一時的なものに過ぎず，その効果は治療者と患者の関係のあり方に依存し，関係が悪くなったり，接触がなくなったりすると，拭いさられたように効果が消えてしまうことなどに気づいた。

そこでフロイトは，『ヒステリー研究』に出てくる症例エリザベート嬢の場合に，「前額法」と呼ばれる方法を用いてみた。つまり患者の額を圧迫し，症状に注意を集中させ，その症状の起源に関して何でもよいから想起するように命じた。ところがある日，彼が加圧して質問すると，エリザベート嬢は「私の思考の流れを質問で邪魔しないでください」と訴えた。ここからヒントを得たフロイトは，一切の強制をやめ，頭に浮かぶ事柄をそのまま自由に話させる「自由連想法（free association）」の発見に向かって歩み出した。そして1895年，最終的に催眠を放棄し，無意識を意識化する心理学的方法として，以後はこの自由連想法を用い

ることになった。この新しい方法の発見こそ，フロイトに無意識の世界の探求を可能にしたものであり，これによってはじめて精神分析が誕生した。治療方法は，従来の催眠暗示に見られる一方的で権威的な押しつけから，患者が自分自身の理性によって無意識を洞察する方法へと転回したのである。

④**精神分析の確立**

1890年代後半から1900年頃にかけて，フロイトは自由連想法を施行しながら，精神分析のいくつかの基礎概念を確立していった。それらは，次のものからなっている。

(1)**症状は無意識的な意味を持つこと**：心の中には，当人も気づかない活動的な部分（無意識の領域）が存在し，これが神経症症状を生み出すものと考えられる。

(2)**抵抗と抑圧の存在**：自由連想法によって治療を始めると，患者は何でも話してよいと保証されているにもかかわらず，沈黙し続けたり，これ以上思い浮かべたくないと言ったりする。これこそ，重大な記憶の想起を先に延ばそうとする「抵抗（resistance）」の表現であり，患者の意識の外部にあって，治療への協力に逆らう力の現れである。このような抵抗に着目することによって，当人の意識したくない不快な記憶を無意識の領域に閉じ込めておこうとする主体の力，つまり「抑圧（repression）」の存在が明らかとなった。

(3)**力動的な葛藤への着目**：はじめフロイトは，忘却された過去の外傷体験が病因になると考えたが，抑圧という心の働き（自我の防衛機能の1つ）の発見により，むしろ本人の持っているいろいろな欲求（主として性衝動）と，これを意識化するまいとする抑圧との葛藤（conflict）こそ神経症の原因であるという，力動的な考えが生み出された。その結果，精神分析療法の目的は，患者の抵抗を克服して，背後に隠されたも

のを発見し，それらを意識化することによって主体性を回復することに他ならなくなった。

(4)**幼児期の重視**：フロイトは，遺伝的な体質と共に，幼児期の親子関係の中でなされる早期体験が，神経症の素因として重要な意義を持つと考えた。

(5)**性的要素の重視**：1898年，フロイトは「人間の性生活は思春期になって始まるのではなく，幼児期からすでに性衝動の活動があるのだ」とする幼児性欲論を発表した。そして，外部から与えられる心的外傷よりも，幼児期から本人に内在する性衝動とその抑圧の葛藤が神経症を生み出すとした。この考えの基礎には，性概念の変更と拡張があった。すなわち，性衝動とは，生殖を目的とする大人の性欲だけでなく，幼児の母を求める欲求や，友情などを含む広い内容を意味していたが，その点が理解されなかったために，フロイトは当時の人びとの反感を買い，社会的な孤立を深めることとなった。

## 4. 心理療法の展開

その後，心理療法がどのように展開したか，いくつかの立場に分けて簡単に素描しておきたい。

①**フロイトの精神分析の発展**

フロイトは，1900年の『夢解釈』において，無意識を重視し，精神現象が心の内部のさまざまな力の葛藤の結果生じるという力動論を提唱して，深層心理学を樹立した。そして1905年『性に関する三論文』を発表して，独自の精神分析的発達論を生むが，1923年『自我とエス』において人格の構造論を発表して，本能衝動より自我の働きに注目するようになる。その意味で，この1923年以前は深層心理学の時代，以後は自我心理学の時代と呼ばれる。

②フロイト以降の精神分析の発展

　精神分析は，フロイト以降，大きな発展を遂げているが，ここではその流れを3つに分けて触れておこう。

　(1)**新フロイト派**（neo-Freudian）：フロイト派の人びとが，リビドーの発達という生物学的側面を重視していたのに対し，この派の人びとは，人格の発達や神経症の発症に及ぼす文化的・社会的要因を重視した。この派の人びとは，いずれもアメリカを中心に活動しており，"文化学派"と呼ばれることもある。ホーナイ（Horney, K.〈1885～1952〉），フロム（Fromm, E.〈1900～1988〉），サリヴァン（Sullivan, H.S.〈1892～1948〉）らがいる。

　(2)**自我心理学派**：この派の人びとは，フロイトの精神構造論を継承発展させ，自我の適応と発達を重視し，早期の母子関係と疾病との関連や，乳幼児の分離個体化の研究に優れた成果をあげた。この派の人びとには，フロイト（Freud, A.〈1895～1981〉），フェダーン（Federn, P.〈1871～1950〉），ハルトマン（Hartmann, H.〈1894～1970〉），スピッツ（Spitz, R.〈1887～1974〉），マーラー（Mahler, M.〈1897～1985〉）らがいる。

　(3)**対象関係論学派**：この派は，イギリスを中心に，クライン（Klein, M.〈1882～1960〉）の理論の影響の下に発展してきた。無意識の主観的世界を深く追究し，心の内部に生まれるイメージやファンタジーが対象との関係でどう動いていくか，実在する外的対象と並んで，心の中に形成される内的対象（internal object）との間で発展する内的対象関係が，人格発達や精神障害にどう関与するか，早期母子関係の中で働く原始的防衛（投影，取り入れ，分裂など）を重視し，対人関係がどのように内在化され，どのように精神構造を決定するかを問題にする。この派の人びとには，クラインの他に，フェアベーン（Fairbairn, W.R.D.〈1889～1964〉），ガントリップ（Guntrip, H.〈1901～1975〉），バリント（Balint, M.

〈1896〜1970〉），ウィニコット（Winnicott, D.W.〈1896〜1971〉）らがいる。

③フロイトに批判的な人びと

アドラーとユングは，はじめフロイトのもとで学んでいたが，1911年と1913年に意見を異にして相ついでフロイトのもとから離れ，独自の学派を樹立した。

アドラー（Adler, A.〈1870〜1937〉）は，人間は劣等感を補償しようとする"力への意志"をもって他者に優越しようとするが，この補償の努力が過剰になると種々の精神障害が生じると考えた。フロイトと違って，性的でない欲求（自我の欲求）を重視し，目的論的立場から神経症の病因を考え，「個人心理学」を樹立した。

ユング（Jung, C.G.〈1875〜1962〉）は，フロイトの性の重視に反対し，分析的心理学を創始した。神話，宗教，文学などに深い知識を持ち，それを生かして，分裂病者の幻覚を神話や夢と比較して研究した。また，無意識を2層に分け，個人的無意識と，人類に共有される普遍的無意識に分類し，後者は前者より深くて心の真の基礎をなし，元型によって満たされているという。この元型（Archetypus）とは，無意識の内部に先験的に与えられている表象可能性であり，グレートマザー，アニマ，アニムス，影，トリックスターなどがあって，人類に共有されているという。ユングは，象徴的解釈を重視して現代に大きな影響を及ぼしているが，コンプレックス，ペルソナ，内向，外向などの概念の提唱者としても忘れることができない。

ロジャーズ（Rogers, C.R.〈1902〜1987〉）は，1960年代に，フロイトを批判する立場から，「クライエント中心療法（client-centered psychotherapy）」を提唱し，心理療法の分野に偉大な足跡を残した。フロイトは，過去の出来事が人の心理現象に大きな影響を及ぼすと考えたが，

ロジャーズはこのような心的決定論（psychic determinism）に反対し，人は自らの生の様式を選択し，創造していく主体的な自己実現傾向を持つと主張する。治療者は，この自己実現を援助し，潜在能力を最大限に発揮できるように，過去ではなくて「いま，ここ」での直接的経験と，治療者と患者の人間的出会いとの関係性を大切にしなければならないという。

④**日本的な心理療法**

(1)**森田療法**：森田正馬（1874〜1938）は，1920年代にいわゆる"とらわれ"の心理についての深い洞察に基づいて，きわめて独創的な神経症理論を樹立した。彼は，神経質者には「自己観察傾向とヒポコンドリー性基調があり，これに生の欲望，完全欲，精神交互作用などが働いて，神経質が発生する」と説く。そして症状へのとらわれと注意集中を断ち切り，「あるがまま」の自分を受容する方法として，絶対臥褥などの特殊な方法を提唱した。

(2)**内観療法**：吉本伊信（1916〜1988）は，1930年代に浄土真宗の「身調べ」という求道法から示唆を得て，対人関係における自己の態度を徹底的に内省し，自己中心的なあり方と他者への思いを自覚して自我のこだわりから解放される方法を創始した。仏教的儒教的人間観が基礎にある日本独自の心理療法であるが，近年，欧米でも注目されている。

〔参考文献〕

ジョーンズ, E., 竹友安彦, 藤井治彦訳（1964）『フロイトの生涯』（紀伊國屋書店）

小此木啓吾・馬場謙一編（1977）『フロイト精神分析入門』（有斐閣）

エレンベルガー, H.F., 木村敏・中井久夫監訳（1980）『無意識の発見〈上・下〉』（弘文堂）

小此木啓吾ほか編（1981）『精神分析セミナーⅠ』（岩崎学術出版社）

鍋田恭孝編（1993）『心理療法を学ぶ』（有斐閣）

土居健郎（1995）『精神分析』（共立出版，講談社文庫所収）

馬場謙一編（1995）『臨床心理学』（弘文堂）

# 2. カウンセリングの適用と倫理

　メンタル・ヘルス，こころのケア，ストレス，カウンセリングという言葉が日常的に用いられるようになってきている。多くの人たちが苦悩や孤独など心の問題で苦しんでいて，こういう状況から脱して，よりよく生きたいと願う証と思われる。このような私たちの「こころ」の問題に対して，カウンセリングは1つの重要な援助の方法であることは間違いなかろう。しかし，実際はどういう人がカウンセリングを行い，どういう場所や機関で実施されているかについては，意外に知られていないように思われる。この章は，カウンセリングが行われている領域，職業人としてのカウンセラーについて紹介するものである。

## 1. カウンセリングが行われている領域

### ①医療関連領域（精神科，小児科，内科，その他）

　心の病の援助として歴史のある領域は，クリニック，単科の精神科病院，総合病院の精神科であり，主に医師や臨床心理士がカウンセリング（精神療法，心理療法とも言われる）を行っている。近年，精神科に限らず，小児科における児童の心の問題，内科での心身症，あるいはエイズ・カウンセリング，ガン患者へのターミナルケア，さらに，リハビリテーション領域などでカウンセラーが働きだしている。医療領域は保険診療で行われる場合が圧倒的に多いので，カウンセリングは医師との密接な関係の中でなされなければならない。医療領域でカウンセラーに望まれているのは，個人カウンセリングの他に，チーム医療の仕事である。

医療はかつてのように医師と患者という狭い意味での治療ではなく，医療サービスという考えが入り，チーム医療とか多職種との協働（コラボレーション）が説かれるようになって，カウンセラーもこのチームの一員として加わることになってきた。今後，医療領域における協働作業はますます盛んになっていくのではないかと予想される。

②**教育関連領域（教育センター，児童相談所，大学の学生相談室，大学付属施設心理教育センター，他）**

　教育領域では，児童や青年の相談が中心となる。教育センターや児童相談所では，遊戯療法や親のカウンセリングが主に行われている。近年，心理学系の大学に付属施設として心理教育センター（名称はそれぞれで異なる）が開設され，地域の児童や家族あるいは本人自身のカウンセリングを行っている。この機関は，大学院の臨床心理士養成コースの実習機関として機能しているため，大学院生が指導教員の指導を受けながら行うカウンセリングであることを知っておくとよいであろう。

　教育領域での大きな変化は，平成7年に文部省（当時）が行ったスクールカウンセリングの調査研究事業によって，学校にカウンセラーが派遣され，生徒やその親のカウンセリングを行うようになったことである。カウンセラーとして臨床心理士，精神科医，大学の心理学担当教員があたっている。カウンセラーの導入は高く評価され，現在では中学校を中心にして多くのカウンセラーが教育場面で活動していることから，カウンセリングがずいぶん身近に感じられるようになったのではないかと思われる。

　医療領域と同様に，教育領域においても教師以外のカウンセラーが参入したことによって，異職種同士の協働が望まれ，コンサルテーションとかリエゾン機能と言われるような視点が必要になってきた。つまり，カウンセリングという方法が，個人だけを対象にするのではなく，カウ

ンセリングを基礎にしながら，家庭や学校や地域で問題を解決しようとする考え方である。

③個人開業

個人開業には，さまざまな名称がつけられている。ここでは，心理臨床家が個人で開業し，カウンセリングを希望するクライエント（相談を受ける人）との契約によって有料のカウンセリングを行っている。カウンセリングを希望する人たちが増加するにつれて，個人開業がずいぶん多くなっているようである。実状では，カウンセラーの国家資格がないので，誰でも看板をかかげることができるのであるが，信頼できる専門家としてのカウンセラーに出会わないと，クライエントが負担を被る場合もある。ちなみに，日本臨床心理士会では安心してカウンセリングを受けられるように，臨床心理士のいる施設を紹介する小冊子を出しているので，そういう資料を参考にするのも一案である。カウンセリングを受けたいと思っても，まだ内科医院や歯科医院を訪れるようなわけにはいかず，敷居も高いし，苦労して探しているのが現状である。保険診療が使えないため，ある程度の経済的負担もある。カウンセリングは万能薬ではないから，クライエントの期待通りにはいかないこともあるので，始める前にカウンセラーから説明を受け，納得してからカウンセリングを選ぶ方がよいであろう。

④その他

以上の他に，司法関連領域（家庭裁判所，少年鑑別所，少年院，警察），産業領域（会社の医務室，保健室），福祉領域（保健所，障害児施設，障害者施設，高齢者福祉施設）でもそれぞれの領域に即した教育，指導を目指してカウンセリングが行われている。

今後は犯罪被害者（家族）や虐待，自然災害に出会った人たちに，援助の1つとしてカウンセリングが望まれるであろう。「心のケア」とい

う言葉がメディアなどでよく使われるが，この言葉は不適切な言葉のように思われる。よい言葉はまだないが，大切なことは相談や援助が得られるシステムを作るということである。どのようにカウンセリングを行うか，これまでのカウンセリングとどう関連するのかも検討されなければならない（例えば，電話カウンセリングとか電子メールカウンセリングなども）。援助と言うと経済的な援助が浮かぶが，心の問題では人と人との信頼関係が大切であるから，危機介入の場合を除いて，自分に合ったカウンセリングを受ける方がよい。行政や警察の関係者もその必要性を認識してきた昨今では，このようなサービスの提供もスムーズに進められてきているようである。

## 2．カウンセラーとは

心理的援助には，カウンセリングとほぼ同意の心理療法とか精神療法という言葉がある。同様にカウンセラーに相当する治療者，セラピストという呼び名もあって，一般の人が聞いてもわかりにくいのではなかろうか。呼び方に違いはあっても，内実には大きな違いがないと言ってよい。強いて言えば，カウンセリングはクライエント（来談者）中心療法の立場に立つ人たちに使われ，教育領域や産業関連などに幅広く用いられているのに対して，心理療法，精神療法，セラピスト，治療者という呼称は，フロイト,S.やユング,C.G.などに代表される精神分析や深層心理学系の人びとが使う言葉と言ってよいであろう。この章では特に区別せず，カウンセラー，カウンセリングで述べていくことにする。

この呼び方にも現れているように，カウンセラーはさまざまな心理的援助の考え方（パラダイム）に立っている。簡単にその差違について触れておくと，心の中に無意識の領域を治療仮説として取り上げる精神分析理論，不適応な行動は誤った学習とする認知行動理論，人間の自己回

復力を強調するクライエント中心療法などである。それぞれの理論は対立したり，強調点が違っていたり，理論相互の批判や論争もある。この概説では，この違いを詳しく述べる余裕はないが，講義の後半には少し触れておくことになろう。

しかし，いずれの理論に立つカウンセラーであっても，基本的には「クライエントに役立つこと」，「信頼関係が大切であること」という点では共通している。

カウンセリングを行う際の「心」の理解の仕方や扱い方について，臨床の実際では，対象となるクライエント（例えば，精神病，人格障害，対人恐怖，児童の問題，経済的な問題，その他）によって，カウンセリングの目指すところが異なってくる。したがって，どの理論が正しいという性質のものではないし，臨床家の好みや気質，価値観や技量によってもカウンセラーの立場が決まってくるのが現状である。

## 3. カウンセラーの倫理

自らカウンセラーであると言う人はたくさんいる。苦しみや悩みの相談には，人格者とか経験者とか友人で十分であると言う人もいて，そういった人びとの力も否定するわけではない。シャーマンのような民間の治療者の存在も意味がある。国家資格があるわけではないので，誰でもカウンセラーだと言うことができる。しかし，先に挙げた領域でカウンセリングを行っている人たちは，職業人としての専門家集団と言ってよい。専門家集団の重要な定義の1つは，倫理規定とそれによる倫理綱領を持っていることである。

現在，多くのカウンセラーは(財)日本臨床心理士資格認定協会によって臨床心理士[1]と認定された人たちであるが，このときに，倫理規定と倫理綱領を守ることを誓約しなければならない。ここでの倫理綱領には，

---

1) 臨床心理士は(財)日本臨床心理士資格認定協会の指定した臨床心理学系の大学院を修了し，資格審査を受け，5年ごとに研修を受けて資格を更新していくという手続きを踏んで認定資格を維持しなければならない。資格審査の内容は心理査定や臨床心理面接，地域援助活動，研究活動の領域である。平成15年12月現在，ほぼ1万人が認定されており，年々，増加が見込まれている。

責任，技能，秘密保持，査定技法，援助・介入技法，専門職との関係，研究，公開，倫理の遵守などが決められている。心理臨床家の道義的責任や援助・介入の関係において，特にカウンセラーとクライエントとの間に生ずる特異な関係では，私的関係にしないことなどが決められている。カウンセラーは職業上の関係であることを自覚していなければならないし，自らの技能を高めておかなければならないのである（巻末に資料として掲載しておいた）。カウンセリングを希望する人は，カウンセラーを標榜する人の中から，専門家として安全で，信頼できるカウンセラーに会うことがまず第一歩であろう。このときに，学会や専門家集団の協会に加入している人で，しかも倫理規定・倫理綱領がある集団に在籍していることなどが1つの目安になるはずである。例えば，うつ病で自殺をほのめかすクライエントや破壊的な行動をする可能性があるならば，しかるべき専門家と連携しなければならない。こういったアセスメント力を備えていなければならないし，カウンセリングの限界と危険性について知っておく必要がある。

　また，カウンセリングを開始するにあたっては，カウンセリングの説明をし，クライエントからカウンセリングを受けることに同意を得ていなければならない。最近，医療領域でインフォームド・コンセント（告知義務）ということが言われているが，カウンセリング関係においてもそれは必要であろう。カウンセリングをやめたい場合には，クライエントの意志を尊重しなければならないことは言うまでもないことである。

## 4. カウンセラーになること

　職業としてカウンセラーを望んでいる人たちが多くなっているが，どのような訓練を受けたらカウンセラーになれるのであろうか。残念ながら，わが国においては，カウンセラー養成のカリキュラムができあがっ

ているわけではなく，現在は過渡期だと言ってよかろう。先に挙げた臨床心理士の例で言うと，(財)日本臨床心理士資格認定協会が行う試験に合格して臨床心理士となる。多くのカウンセラーはこの認定資格を有していると言える（詳しいことは(財)日本臨床心理士資格認定協会監修『臨床心理士になるために』を参照のこと）。一言でカウンセラーと言ってもさまざまな人たちがいるので，どういう教育を受けて，どういう職業集団に属しているか，たえず研修が要請されているかなどを調べる必要があろう。なぜならば，カウンセリングという相談援助関係には，さまざまな心の問題が生ずるので，そういうことを訓練によって理解し，援助に活かさなければならないからである。この後に続く章で，カウンセリング関係で生ずる特異な現象が紹介される。カウンセラーになるには知識も必要であるが，その上に，何よりもクライエントとの信頼関係を作っていかなくてはならない。さらにクライエントの理解や治療関係について訓練（スーパーヴィジョン）も必要である。このあたりが職人や芸術家に例えられるゆえんでもあろう。

　次に，学習の仕方について述べておきたい。いろいろな理論や技法があるので，それらは一見矛盾しているところもあって，学ぶ側からすると戸惑うこともあろう。はじめは自分に合う，自分が関心のある理論を中心に学ぶことから入り，臨床経験を積みながら新しい理論や方法を学ぶとよいであろう。よい先達に出会って，よい臨床仲間を作ると学習が進むだけでなく，相互に助け合うことが可能である。自分の精神活動のバランスが取れないと，クライエントにも迷惑がかかるので自己管理も大切であろう。学習も全部心理学やカウンセリングに限る学習ではなく，さまざまな芸術や文学などからも吸収することが多い。心の中にアンテナを張るだけではなく，このアンテナの精度を高めるにはいろいろな道筋があるように思われる。

〔参考文献〕
河合隼雄（1992）『心理療法序説』（岩波書店）
デビソン,G.C.，村瀬孝雄監訳（1998）『異常心理学』（誠信書房）
馬場禮子（1999）『臨床心理士への道』（朝日新聞社）
日本臨床心理士会編（2003）『臨床心理士に出会うには』（創元社）
(財)日本臨床心理士資格認定協会監修（2004）『臨床心理士になるために』
　（誠信書房）

# 3. カウンセリングの種類と方法

　カウンセリング（心理療法）は，その成立の思想的背景と目的により，いくつかの学派に分かれ，それぞれ固有の技法と構造と適応を持っている。ここではまず，それらの種類を挙げ，次にそれらのうちの代表的なものについて解説したい。

## 1. カウンセリング（心理療法）の種類

　心理療法の分類法には種々の方法があるが，一般には組織的な心理療法（major psychotherapy）と簡易心理療法（brief psychotherapy）に二大別される。

#### ①組織的な心理療法

　これには，精神分析療法，クライエント中心療法，家族療法，催眠療法，森田療法，自律訓練療法，遊戯療法，分析的心理療法，芸術療法などが含まれる。これらは，精神分析療法のように，少なくとも週1回以上，毎回50分以上の治療的交流を半年以上数年にわたって続けるものであったり，森田療法や芸術療法のように，特別の治療施設を必要とするものであったりするために，実際の臨床の中では，ごく限られた少数の対象にしか実施できない欠点がある。したがって，一般外来診療においては，次の簡易心理療法で行われる場合の方が多く，またその方が実践的でもある。

#### ②簡易心理療法

　この簡易心理療法の目的は，組織的な心理療法よりも短い面接時間で，

より短期間に治療目標を達成しようとする点にあり，そのために精神分析的心理療法の種々の構造や技法が修正されて用いられる。

　この他，治療対象である患者の数が1人であるか，複数であるかによって，個人心理療法（individual psychotherapy）と集団心理療法（group psychotherapy）に分類することもある。あるいはまた，治療対象の特殊性によって，家族を対象とする家族療法，児童を対象とする遊戯療法や箱庭療法などの治療法が用いられることもある。

　また，井村は，治療の技法や治療者とクライエントの相互関係に着目して，支持療法，表現療法，洞察療法，訓練療法の4種に分類している。これは有用な分類なので，それに従って，各派の心理療法を以下に紹介しておこう。

### 1）支持療法

　一般に心理療法は，クライエントの中に残っている正常な自我（観察自我〈observing ego〉）と治療者が同盟し，互いに協力しあってクライエントの病態心理を解決しようとして努力するところに成立する。支持療法においては，このような治療同盟（Freud, S.）を基礎にして，クライエントの弱化した適応能力や歪んだ防衛機能を支え，自我が再び健康な働きを回復するように助けることを主眼とする。クライエントの苦しみに聴き入り，依存したい感情を受け入れつつ，クライエントが見失っている健康時の生活態度や適応の仕方を再発見し，しだいに自尊心を回復するように励ましていくのである。

　具体的には，むやみに励ましたりすることは避けつつ，クライエントの性格や能力のすぐれた点を認めてやったり，心気的不安の強い場合には，医学的検査を充分に行って不安の軽減を図ったり，クライエントが欲求を不当に抑制したりしているならば，それを合理的に解放するように助言したり忠告したりする。あるいはまた，クライエントの適応を困

難にしているような環境要因があるならば，外部環境に直接働きかけて，適応が容易になるように生活条件を変えてやったり，対人関係を整えてやったりする。

　主としてこのような技法を使用するものに，一般心理療法，簡易心理療法，家族心理療法などがある。しかし，このような支持的心理療法は，いわば他の心理療法すべての基盤をなしており，基本的姿勢として，すべての心理療法の中に潜んでいるものなのである。

2）表現療法

　治療者が安定した誠実な態度で，一貫してクライエントの話に聴き入る姿勢を保ち続けると，やがてクライエントは，治療者に対して強い信頼感を向けてくる。そして，それまで隠していた自己の内面の問題を告白したり，抑圧していた無意識的体験を想起して告げたりしはじめる。この告白や想起した事柄の表明とともに，せき止められていた感情が解放され，感情的緊張の解除によって症状が軽快したり，消失したりすることがよくある。このような現象は，除反応（abreaction）またはカタルシス（catharsis）と呼ばれ，歴史的にはウィーンの内科医ブロイアー（Breuer, J.）によってヒステリーの女性アンナ・Oに対して行われ，フロイトに大きな影響を与えたものである。

　この種の技法を使用するものに，絵画や音楽による内面の表出を目的とした芸術療法，催眠による無意識的感情の解放を目的とする催眠療法，さらに，箱庭療法や遊戯療法などがある。

3）洞察療法

　心の無意識の領域に押し込まれている幼児期の体験や過去の対人関係のパターン，適応様式や防衛機能の歪みを自覚し，これらを意識化することによって新たな生活態度や適応の仕方を身につけようとする心理療法である。一般に洞察は，症状の持つ意味，心因性背景や症状の形成に

関与した状況的因子の理解に始まり，自分の態度や振る舞いの背後に隠されている自我の防衛機能の歪みの理解へと進む。そして，そのような防衛的態度によって覆い隠されていた内的な葛藤や欲求を理解し，それらを幼児期以来の生活史の中に位置づけて，幼いころの生活体験や対人関係の中に，現在の不合理な生活態度の起源を発見する，という段階を経て進んでいくのが通例である。

　このような洞察療法の代表は，精神分析療法である。

　一方，治療技法や理論面で精神分析とは異なっていても，力動的に考える点でフロイトと共通する立場の心理療法を，力動的心理療法と呼ぶ。フロイトと対立して，独自の分析的心理学を樹立したユング（Jung, C.G.）の心理療法も，広い意味で力動的心理療法に入れられよう。

　また，1937年に吉本伊信(いしん)によって提唱された内観療法も，広い意味で洞察療法の一種と言える。これは浄土真宗の一派に伝わる「身調(みしら)べ」という求道法から発展したもので，内省を組織的に行い，自分の罪の自覚と，他者による愛の自覚を経て，個人の態度や人格の改善を達成しようとするものである。

### 4）訓練療法

　これには，命令的態度や直接暗示によって症状を除去しようとする制止，不安や恐怖の対象に徐々に慣らしてゆく脱感作，一定の生活態度を育成するための再教育，過敏な自律神経系の反応を抑制するための自己催眠などがある。

　主としてこのような技法を用いるものとしては，自律訓練療法，行動療法，森田療法などが挙げられよう。

## 2. 各派の心理療法

### ①精神分析（psycho-analysis）

精神分析は，19世紀末にウィーンに住む精神科医フロイトによって創始された，治療技法と心理学理論の体系である。これについては，第1章と第8章で述べているので，参照されたい。

### ②力動的心理療法

精神分析療法は，毎回約50分の自由連想を週4～5回行う。しかもその期間は，数カ月かかるか，年余に及ぶか，予測はできない。このように，治療者にもクライエントにも，時間的・経済的負担が大きいため，現在では，治療理念はそのままで，治療技法に変更を加え，週1回，約50分の対面法ないし自由連想法が用いられるようになった。これを「精神分析的心理療法」と呼ぶ。

力動的心理療法とは，狭義には，上記の精神分析的心理療法と同一であり，フロイトの力動論的な考え，すなわち「心的現象を，心の中のもろもろの力の働きとして，すなわちそれぞれ目標を持つ欲求のせめぎあいの現れとして把握しようとする考え」を基本としている。

しかし，広義には，力動的心理療法は，人間を生物・心理・社会的に規定される存在として捉える全体論的医学（holistic medicine）の立場に立つ心理療法を指す。生物・心理・社会のうち，どれか1つだけを重視するのではなく，症状は，これら3つの力が互いに影響しあって生み出されるものと考える。

では，力動的心理療法にはどのような特徴があるか，その基本姿勢といったものをまとめておこう。

1）無意識の働きに絶えず目を向ける
　心の無意識の層は，決して静かな領域ではなく，そこには過去の嫌な体験の記憶が潜み，意識したくない衝動が，自我や超自我と葛藤しあっている。精神現象や行動は，本人が意識しないうちに，心の内部のこれらの諸力の力動的相互関係によって決定される。精神症状もまた同じなので，症状を理解するためには，無意識の働きと内容に注目しなければならない。

2）生活史の重視
　力動的心理療法では，最初の予備的な面接の際に，病歴とともに過去の生活史もなるべく詳しく聴取する。生まれてから現在までの種々の体験，例えば出産はどうであったか，誰に育てられたか，失意体験や別離体験はなかったか，母親は愛情深かったか，父親のしつけはどうだったか，転居や転校はなかったか，等々。

3）現在の対人関係の重視
　私たちは，まわりの人間関係によって大きく影響を受ける。相手によって，不安，緊張，怒り，抑うつ，反抗などの気持ちがわいたり，逆に慰められたり，意欲をかき立てられたりもする。児童の不登校，社員の出社拒否や抑うつ症の背後に，対人関係の問題が潜んでいる場合が多い。したがって，患者がどのような対人関係の中で生活しているか，学校や職場だけでなく，家庭内の人間関係についても，なるべく詳しく聴いてみることが大切である。

4）症状の意味の重視
　身体の病気と違って，心の病気の症状の背後には，本人も意識しない意味や意図が潜んでいる。だから，表面に現れている症状よりも，その症状を生み出す背景に注意を向ける。例えば，神経症の青年が，神経症になって閉じこもることによって，期待過剰で自分を苦しめてきた親へ

の復讐心を，間接的に満たしているといった場合もある。このような例では，神経症症状だけ取り上げても無意味で，生活史の中で親への復讐心がどのようにして生まれてきたかを問題にしなければならない。

### ③簡易心理療法（brief psychotherapy）

日常の心理臨床においては，1人の治療者ができるだけ多くのクライエントの治療に当たらなければならない。そのために，現実上の要請から，正統の精神分析療法の面接時間，治療回数，治療期間のいずれかを短縮化して行うものを簡易心理療法と言う。

#### 1）治療構造

一般には，週1回，毎回約30分の面接を，数カ月から1年ぐらいにわたって続ける。退行促進的な自由連想は放棄され，代わって対面法が採用される。治療者は，クライエントが自己の内面を率直に表出できるように，自由な雰囲気を作るように努め，中立的受身的な態度よりは，むしろ情緒的な受容と支持の構えに裏づけられた，より能動的な態度を前面に出す。そして，ときには現実問題の調整や問題解決法の指示など，教育的な働きをも引き受けていく。

#### 2）治療目標

精神分析療法では，歪んだ防衛機能や無意識的な葛藤の解釈と洞察を介して，パーソナリティに新たな変化を生み出すことを目標とするが，簡易心理療法では，構造上の修正による制約から，治療目標は別種のものにならざるを得ない。

つまり，簡易心理療法における治療目標は，①症状の軽減や除去，②家庭や職場における状況的，対人的困難の解決と適応性の改善，③弱化した防衛の再建，④人生の課題に直面する姿勢と社会的役割の確立，などとなる。

幼児期の生活史に根ざし，転移関係の中で浮かび上がってくる深い問題よりも，現実の生活状況や対人関係の中に直接映し出された問題を焦点にすえて話題にしていく。そして，自我の防衛を弱化させている原因をさぐって自我の統合機能の回復を図るとともに，現実の諸問題を解決し，社会的役割を担っていく方法を話し合いつつ，人格の成熟を目指してともに歩み続けるのである。

### 3）治療技法

#### 受容と支持

治療者の働きかけは，受容と支持（acceptance and support）を基本とする。すなわち，治療者は心からの共感をもってクライエントの話に耳を傾け，約束や秘密は一貫して守り，クライエントが安心して自己表現できるような安定した治療者―患者関係を作り出す。クライエントの持つ苦悩や弱点をそのまま受け入れ，やたらに励ましたり説得したりしないで，クライエントの不安や混乱を生み出している背景についてともに考えていこうとする姿勢を保持する。精神分析的には，このような受容と支持の本質は，クライエントの持っている心的防衛を肯定し，正常な自我に働きかけて，役割適応を助けてやる点にある。

#### 除反応

治療者―患者間に受容的な雰囲気が生まれ，安定した治療関係が確立されると，クライエントはそれまで心の中に抑圧していた，うっ積した感情や欲求を吐露しはじめる。それとともに，内的な緊張がゆるみ，主観的な苦しみや不安が軽減していく。この種のカタルシスは，症状を軽くする上で有効なものであるが，無意識内容の表出があまりに急速かつ広範に起こると，自我がそれによって圧倒されて，精神病的な解体に陥る危険がある。したがって，そのような気配を察したならば，治療者は話題の急速な転換などにより，表出を一定限度にとどめる必要がある。

### 明確化

現在の苦しみや現実生活上の葛藤，錯綜した対人関係の状況などを，クライエントとともにさぐり，その内容や範囲を明確にしていく。なぜ病気になったのかではなく，現在何に悩み，何に圧倒されているのかを明らかにする。漠然とした悩みは耐えがたいが，その輪郭が明らかになれば，それだけはるかに耐えやすくなるからである。

### 保証や説明

不合理な不安を緩和するために，保証や暗示を与えたり，ときには当面する問題について教育的な説明を行うことによって，自我の支配力を回復するように試みる。

### 解釈

以上のように，簡易心理療法においても解釈が伝達され，洞察が深められていくが，この解釈の要点をまとめると，①生活上の問題点や対人関係の葛藤状況の説明，②病識・治療理解を促進し，否定的な動機づけになるような要因の理解と伝達，③治療状況，生活史の力動的な理解と伝達，④症状解釈，などからなる。

防衛解釈については，一般には，現在の問題と密接に関係する表層的な防衛の解釈にとどめ，転移解釈に当たっては，強い転移が生じて空想的な要素が治療関係を左右するような事態になるのを避けるために，幼児期の問題としてよりも，現実の状況や対人関係上の問題として話題を展開していく。抵抗にならない限りは陽性転移には触れず，不信や疑念などの陰性転移は，治療関係を損なう危険がある場合に解釈を加える。

### 環境の調整と社会的役割の取得

家族面接の併用などによって，クライエントをめぐる環境を調整してクライエントの外界への適応を助けるとともに，適切な社会的役割を発見して，見失われている自我同一性（ego-identity）の確立を助けるよ

うに働きかける。その結果生まれる合理的な自尊心（self-esteem）は，病的状態から立ち直る上で大きな意義を持っている。

 4）適応

　自我の統合機能が比較的高く，治療意欲があって治療同盟を結べるクライエントであれば，すべてこの療法の対象となる。中でも状況因の明確な神経症，思春期や青年期の同一性の拡散状態などは，好個の適応である。これに対し，性格防衛の強固な強迫神経症，性格障害，自殺の危険のある抑うつ症などはこの療法に適さない。

④クライエント中心療法（client-centered therapy）

　アメリカの心理学者ロジャーズ（Rogers, C.R.）が提唱した心理療法の方法である。従来のカウンセリングに見られる治療者の能動的暗示的な働きかけを排し，クライエントに内在する成長への可能性を信頼して，非指示的（non-directive）な態度によってこの可能性に道を開いてやることの重要性を説いた。ロジャーズは，自らの治療上の立場を，次の3点に要約して述べている。

(1)治療者は来談者との関係の中で，首尾一貫して表裏を持たず，真実の姿を示すこと。
(2)治療者は人間としての来談者のいかなる特徴をも，無条件に肯定し，ありのままを受容して尊重すること(unconditional positive regard)。
(3)治療者は来談者の内面や物の考え方について，共感的理解を持ち，かつこれを来談者に伝達するように努めること。

⑤家族療法（family therapy）

　1930年ごろを境として，主としてアメリカを中心にしだいに発達してきた治療法であり，フロイトの精神分析が個人の精神内界だけを重視

し，個体に対する外界の影響を排除して理論を組み立てる傾向が強かったことへの反省に基づいている。

　はじめは，非行少年や分裂病患者の両親のパーソナリティや親子関係が研究の対象とされ，母親の片寄った性格や態度が，子どもの性格や病態にどのような影響を与えるかが主として問題にされた。

　その後，両親から子どもへの直接的影響だけでなく，家族内の複雑な対人関係の全体を，家族史の中で総合的に検討していこうとする研究態度が優勢になってきた。こうして今では，家族を1つの力動的なまとまりを持った存在（family as a whole）として捉え，患者の発病は1個の有機体としての家族の病が根元にあるためと考えて，家族の中で働いている病的な精神力動の改善を目的とした家族療法が行われるようになったのである。

### ⑥遊戯療法（play therapy）

　児童には病識や治療理解が乏しいために，治療への動機づけが困難である。また，言語能力が未発達なので，大人のような言語的交流を主とした治療は不可能に近い。そこで，児童治療においては，児童が興味を持って参加でき，かつまた言葉をそれほど要しない遊びが主要な治療手段となる。

　児童にとって，遊びとは，自己表現の手段であり，内的な欲求の統制の方法を学んでいく機会であり，感情や欲求を解放する場でもある。遊戯療法では，このような遊びを，治療関係を確立し，情緒的なカタルシスを生じさせるための媒体とするとともに，治療的交流をさらに深めて，知的・言語的な理解を進展させていくためにも用いようとする。この遊戯療法の詳細は，第13章を参照されたい。

### ⑦催眠療法 (hypnotic therapy)

催眠 (hypnosis) とは,注意集中と一連の暗示的な誘導操作によって引き起こされる特有の心理・生理学的状態であり,その特有の被暗示性の亢進した意識状態を,催眠性トランス (hypnotic trance) と呼ぶ。催眠療法は,この被暗示性の亢進した状態を利用して,直接暗示 (direct suggestion) を与えて症状を除去したり,無意識内容を想起させてカタルシスを起こしたり,症状を生むような場面を暗示的に作って,それに反応しなくなるような訓練をする脱感作 (desensitization) を行ったりする。正統の精神分析療法ではあまりの長時間と多くの労力を必要とするために,催眠療法によって時間と労力を節約し,より短時間で効果を上げることを目指して,最初からこの方法を用いたり,強い抵抗 (resistance) が生じて治療が進展しなくなったときに,適宜,催眠療法を導入することが行われている。

適応は,神経症,心身症,児童の情緒障害などであるが,具体的には,種々の恐怖症,不安神経症,転換ヒステリー,夜尿症,気管支喘息,蕁麻疹などが挙げられよう。

### ⑧自律訓練法 (autogenic training)

催眠療法は,治療者によって作り出された催眠状態を介して治療目標を達成しようとするものであるのに対して,この自律訓練法は,自分で自分に暗示をかけて作り出された,自己催眠状態を介して治療を行おうとするものである。

1932年,ドイツのシュルツ (Schultz, J.H.) によって創唱されたこの方法は,集中性緊張解放 (Konzentrative Entspannung) という副題が示すように,注意の集中と自己暗示によって全身を弛緩させるように訓練し,これを通して自分の力で心身の調整ができるようにすることを

目的とする。例えば，両手が暖かいということに注意を集中すると，両手に温感が知覚され，両手の緊張解放が生ずる。このような訓練を，段階的に，身体各器官について行っていくのである。

標準練習の公式は，次の通りである。

**基本原則**

静かな環境で，楽な姿勢で仰臥，閉眼し，次の言語公式を頭の中でゆっくり反復し，さりげなく注意を集中（passive concentration）する。普通1日3回，1回数分から10分程度行う。

　公式1　安　静　感：気持ちが落ち着いている。
　　　2　重　量　感：手足が重たい。
　　　3　温　　　感：手足が暖かい。
　　　4　心臓調整：心臓が静かに規則正しく打っている。
　　　5　呼吸調整：楽に息をしている。
　　　6　腹部調整：胃のあたりが暖かい。
　　　7　頭部調整：額が涼しい。

通常1つの公式をマスターするのに2～3週間を要し，標準練習が終わるのに4～5カ月かかる。

治療対象は，神経症や心身症領域のクライエントであるが，教育場面におけるカウンセリングにも用いられ，また現在では，禅やヨガとならんで，正常者が自己洞察を深め，自己統制の力を養うための方法としても用いられるまでに至っている。

**⑨森田療法**

森田療法，わが国の故森田正馬（1874～1938）によって創始された治療法であり，ヒポコンドリー性基調，精神交互作用などの，森田神経質症の発生理論を基礎にしている。

森田によれば，森田療法の治療目標は，①いわゆる森田神経質者の持つヒポコンドリー性基調感情を陶冶鍛練し，②その精神交互作用などの症状形成機制を打破し，③人工を棄て，自然即真理に絶対に服従する態度を獲得して，④もって生の欲望をあるがままに発揮できるようにすることにある。

適応は，いわゆる普通神経質（心気的なとらわれから起こる頭重頭痛，疲労倦怠感，不眠，胃腸症状，書痙など），強迫観念症（対人恐怖，不潔恐怖，体臭恐怖などの種々の恐怖症および強迫観念を主とするもの），発作性神経症（心悸亢進発作，不安発作を主とし，予期恐怖をともなうもの）などである。

具体的な治療法は，森田の原法では次のように4期に分けて進められる。すなわち，入院によって社会生活から隔離し，約50日間にわたって，絶対臥褥，軽作業，重作業，生活訓練の順に段階を追って行われる。

第1期（絶対臥褥期） 入院後約4～7日間，絶対安静の状態で，面会，談話，読書，喫煙，その他すべての運動や気晴らしを禁じ，食事，用便の他は臥褥させる。この状態で，患者は不安や恐怖から逃避するのでなく，むしろこれに直面して，苦痛をそのままに受け入れて生きることを体験し，森田の言う「不安苦痛との直面による煩悶即解脱の心境」を体得するに至る。

第2期（軽作業期） 起床させて軽作業を行わせ，日記をつけさせて指導を行う。談話，外出，読書は引き続き禁止する。3～7日間にわたる。

第3期（重作業期） 鋸びき，薪割りなどの重い仕事に朝早くから夜遅くまで従事させる。読書は許すが，交際，遊戯などは禁ずる。1～2週間にわたる。

第4期（生活訓練期） 外出を許可し，複雑な実生活の中で，そのと

きどきの問題を日記につけさせ，引き続き完全癖や心気傾向などの説明指導を行いつつ，社会復帰の準備を進める。1～2週間にわたる。

このような森田療法の基本的な治療機転について，近藤は次のように述べている。「自分のすべてをあるがままに受け入れてゆく態度の体得を通じて，'こうでなければならぬ'とする神経質的態度を打破し，それによって解放された生の欲望に基づく自発的活動にともなって，注意は仕事の対象に向けられるに至る。こうして自己観察の暇はなくなり，精神交互作用も自ずから停止し，その結果，不快は不快のまま忍耐し，なすべきことをする活動的態度が確立されるのである。

### ⑩行動療法（behavior therapy）

行動療法は，理論的には，ロシアのパブロフ（Pavlov, I.）の条件反射学，アメリカのソーンダイク（Thorndike, E.L.）の学習理論，およびこれらを総合したワトソン（Watson, J.B.）の行動主義に根拠を持っている。

この行動療法の特徴は，山上によれば，

(1) 人間の行動は一定の法則にのっとって学習されたものである。その行動が不適応的なときに症状と呼ばれる。すなわち，症状も他の行動と同じように学習されたものである。
(2) 治療の目標とするものは，不適応的な行動，すなわち症状の変容である。力動的心理療法で必要とされている洞察は必ずしも必要でない。
(3) 実験的事実に基づく治療方法を持っている。

などである。

つまり行動療法においては，患者の外的行動障害の除去が治療目標となるが，この行動障害もまた，正常行動と同じように学習され，条件づけられてきた不適応的習慣である。その意味では，人間の行動障害の発

生と持続に，心理的な因子よりも生理的な因子がより多く関与していると考える。

そして行動療法は，行動障害が条件づけの不足によって起こっていると考えられる場合には，積極的条件づけ法によって条件づけを強化し，行動障害が条件づけの過剰によって起こっていると考えられる場合には，除条件づけ法（de-conditioning）や嫌悪療法によって，過剰な条件づけを除去することを目指す。

1）逆制止の考えに基づく除条件づけ法

不安反応を引き起こす刺激条件と，この不安反応と拮抗して逆制止を起こすような刺激条件とを，同時に繰り返し与えることによって，不安刺激への条件づけを除去しようとする。例えば，白い毛皮恐怖症の少年に，恐怖対象を見せながら同時に食事を与えて治療するなどはこれに当たる。

2）嫌悪療法

好ましくない行為，習慣に対して罰を加えて抑制させようとする方法で，不快な刺激としては，電流，薬物などが用いられる。アルコール中毒，同性愛，書痙などに有効とされる。

⑪内観療法

内観療法とは，1937年，吉本伊信によって見出されたわが国独自の心理療法であり，浄土真宗の一派に伝わる「身調べ」という求道法から発展したものであるが，現在では誰でも実践できるように宗教的色彩を取り除いた形になっている。

技法的には，一種の内省を組織的に行い，他者との過去から現在に至るまでの対人関係の中で，自分がどんな態度を取ってきたかを事実に即して回想し，自分が「してもらったこと」，「して返したこと」，「迷惑を

かけたこと」を具体的に観照させる。このような過程を通して得られる自己の罪の自覚と，他者による愛の自覚が，内観療法の中心的な体験となって，個人の態度や人格の改善が得られるという。そこには仏教的，儒教的な人間観が基礎にあり，わが国の社会文化的風土にすぐれて適合する面があることは否定できない。

⑫分析心理学的心理療法

これは，スイスの精神科医ユングによって創始された心理療法と理論の体系であり，現在わが国で広く受容されている。この分析心理学については，本書の第1章，第11章，第13章を参照されたい。

〔参考文献〕

土居健郎（1961）『精神療法と精神分析』（金子書房）
井村恒郎（1967）「心理療法」『精神医学研究Ⅰ』（みすず書房）
近藤章久（1967）「森田療法」『臨床心理学講座3』（誠信書房）
シュルツ,J.H.，内山喜久雄・阿部正訳（1971）『自律訓練法』（誠信書房）
阿部　亨（1978）「森田療法」『現代精神医学大系5A』（中山書店）
山上敏子（1978）「行動療法」『現代精神医学大系5A』（中山書店）
河合隼雄（1986）『心理療法論考』（新曜社）
平木典子（1989）『カウンセリングの話』（朝日新聞社）
鍋田恭孝編（1993）『心理療法を学ぶ』（有斐閣）
ウォレス,E.，馬場謙一監訳（1996）『力動精神医学の理論と実際』（医学書院）
小此木啓吾（2002）『現代の精神分析』（講談社学術文庫）

# 4. カウンセラーの態度

　カウンセラーがどのような態度でカウンセリングに従事するかは，カウンセリングの種類によって異なっている。
　しかし現在，カウンセラーの態度が，カウンセリングの過程全体を左右する重要な要素であることには，異論はないだろう。
　特に力動的な心理療法においては，カウンセラーの態度によってクライエントが警戒したり，不信感を持ったり，逆に依存的になりすぎたり，カウンセリングが深まらずに中断したり，さまざまな影響が生じ得ることに注目して，カウンセラーの態度を治療構造の一つとしている（5章1節および8章1節参照）。
　つまり，カウンセリングないし心理療法の展開の様式を規定する枠組みを治療構造と呼ぶが，カウンセラーの態度は面接室の広さや静かさ，面接回数と面接時間，治療料金，秘密厳守の約束，その他と並んで，治療構造の大切な構成要素となっているのである。

## 1. カウンセラーの基本的態度

　もちろん最初に触れたように，カウンセラーの態度はカウンセリングの種類によって相違がある。例えば催眠療法では，比較的権威的で能動的な態度が一般的であるのに対し，力動的な心理療法では，受身的で中立的な態度が通例である。自律訓練療法や行動療法では，指示的，積極的であり，児童の遊戯療法では，より情愛深い態度で児童の成長を忍耐強く待つ姿勢が求められるだろう。

しかし，各種のカウンセリングにほぼ共通する，カウンセラーの基本的態度とも言うべきものもある。以下において，それらを列挙し，簡単に説明しておこう。

①受容する態度

カウンセラーは，まずクライエントの考えや気持ちや行動などを受け入れ，人間としてのクライエントの心のありようの全体を尊重し，クライエントに信頼される態度を一貫して保たなければならない。クライエントの苦しみや弱点をそのまま受容し，やたらに批判したり説得したり励ましたりせず，「良き聞き手」になることを目指すのである。

しかし，これは案外に難しいことであって，カウンセラーも「批判がましい気持ち」や「説得したい気持ち」に動かされそうになることがないわけではない。だが，このような「私的な感情」に動かされていては，カウンセリングにはならず，先輩の忠告や親の訓戒と変わらなくなってしまう。「私的感情」に動かされず，受容的態度を保ち続けるためには，カウンセラー自身の訓練と自己洞察が不可欠なのである（5章1節を参照）。

②尊重する態度

カウンセラーは，クライエントの人格に対する尊敬と畏敬の念を失ってはならない。心を病んでいたり，自分より年少だからといって，見下げたり軽んじたりする態度を決して取ってはならない。そうした思いは，クライエントに敏感に察知されてしまい，クライエントが心を固く閉ざす原因になりかねない。

したがって，高慢な人や弱者への優越感を抱きやすい人は，カウンセラーには適さない。あくまでも謙虚に，人間の心への畏敬の念を抱きつつ接近するときに，クライエントははじめて信頼して心を開いてくれるのである。

### ③傾聴と共感

カウンセラーは，クライエントの話に心からの共感をもって耳を傾ける。傾聴とは，雑念を払い，注意を集中して言外の声にまで耳を澄ませて聞き入ることであり，共感とは，クライエントの苦しみをわがことのように感じ取ることである。カウンセラーはクライエントの苦悩や弱点をそのまま受け入れて，やたらに励ましたり説得したりせずに，ひたすら傾聴してクライエントの内面に目を注ぎ続ける。そして，クライエントの訴えや悩みに共感しつつ理解を深めてゆくと，やがてクライエントはカウンセラーに対して強い信頼感を抱くようになる。この種の陽性感情は，クライエントの治療への動機づけを強化し，治療の進展を支えてくれるものであって，カウンセリングの基礎ともなる大切なものである。

### ④秘密の保持

カウンセラーは，カウンセリングの過程で知り得たことは一切他にもらさないことをクライエントと約束し，それを一貫して守らなければならない。このような秘密保持の約束が守られて，はじめてクライエントは安心して自己表現することが可能となる。

## 2. フロイトの提言

精神分析の創始者フロイト，S. は，クライエントと治療者が良好な治療関係を結び，クライエントがより自由に内面を語れるようになるには，治療者のどんな態度が望ましいか，いくつかの提言をしている（第8章1節を参照）。それらについて説明しておこう。

### ①受動的態度(passivity)

これは催眠や暗示と異なって，治療者が自分の考えや意見を押しつけるのを極力避け，クライエントの訴えに耳を傾ける態度を意味している。そうやってクライエントの気持ちや考え，行動の理由などをまず理解し

ようと努め，クライエントの心が自由に活動するのを待つのである。この態度の背後には，クライエントの人間全体をありのままに受容しようとする治療者の温かい共感性が潜んでいる。

②中立的態度(neutrality)

これは，治療者が価値観や人生観の押しつけになるような言動を一切避ける態度を意味している。たとえクライエントに質問されても，価値的な問題についての判断，善悪の判断は差し控える。そして，そのような問題についての判断や決定は，クライエントが回復したあかつきに，クライエント自身で主体的に行うのに委ねるのである。

例えば，万引きをしたクライエントに，その行為を非難したり諭したりする態度で接するなら，それは両親や世間一般の態度と同一と感じられて，クライエントは心を固く閉ざしてしまうだろう。善悪の判断は棚上げして，「どんな事情があって，どんな気持ちでやってしまったのか，そうせずにはいられない理由が必ずあったはずだ，それを分かりたいのだ」という姿勢で耳を傾けるのである。このようにしてはじめてクライエントは心を開いて，内面の真実を語り始めるものと期待される。

③治療者の分別(discretion)

これは治療者がカウンセリングの過程で，治療者としての職業的な人間関係の範囲を踏み越えないよう慎重に配慮することを意味している。クライエントを心配し，できるだけ親切にしてやるべきだと考え，クライエントの求めるままに約束時間外に喫茶店で会ったり，深夜まで悩みを聞き続けたりすることは，治療関係をいたずらに混乱させる危険がある。クライエントが治療者の過度の親切を誤解して，恋愛感情を抱いたり，それが容れられないと逆に強い恨みを抱いて，治療を断ち切ったりしがちなのである。

その意味で，治療者は治療の枠組みを守り，その限界を越えぬように

注意することが大切である。キュービー, L. は「分析の隠れ身」(analytic incognito) という戒律を説いているが, これは治療者は可能な限りクライエントとの私的な接触の機会を避けるべきで, 私的な考えや私生活も知られてはならないとする考えである。これは後に述べる「転移」が起こり難くなるのを避けるためであるが, クライエントとの治療関係が, 治療者の私的側面への介入によって乱されるのを避けるためでもある。

## 3. ロジャーズの提言

ロジャーズ, C.R. (1902～1987) は, カウンセリングについて, 人間が本来持っている成長への力を促す条件として, カウンセラーの態度を挙げ, これを追求した人であったと言える。彼の理論は発表された彼の著作に従って,「非指示的」(nondirective) から, やがて「来談者中心」(client-centered), さらに「パーソン・センタード」(person-centered) と呼ばれて広く知られるようになった。『カウンセリングとサイコセラピー』(1942) には, 彼の独創的な人間理解と治療論が述べられているが, 特に「非指示的」というカウンセラーの態度は, ある種衝撃的な議論を引き起こしたのであった。その後, 非指示的という態度は, カウンセリングの技法として独り歩きすることになり, これを懸念したロジャーズは, 自らの治療論を来談者中心療法と命名した。そして, 改めて治療を促進する要因としてカウンセラーの態度をまとめたのである。

①カウンセラーの態度

ロジャーズは非指示的態度が技法化されることに危惧を感じたことでもわかるように, 彼にとって重要なことは, クライエントとカウンセラーとの関係であって, 分析的で操作的なカウンセラーの視点や姿勢を排除したのである。ロジャーズはクライエントに変化をもたらすカウンセラーの態度を, 次の3つの要因で示している。

1）カウンセラーの一致性と純粋性

　クライエントの成長を促進するのは、カウンセラーが自らの態度や感情に気づいていることであって、益がないのはカウンセラーがあたかも受容的であるかのように振る舞うことである。カウンセラーは自らのありのままがクライエントに伝わるように、自分を表現することができなければならない。これに対して、クライエントは自己一致していなくて純粋でないと、ロジャーズは考えている。

　例えば、クライエントを煩わしく感じたり、いらついたりする場合には、まずそのことに気づくこと（一致していること）、それをいつわらずに表現できること（純粋であること）である。カウンセラー自らが気づいていないと、クライエントに矛盾したメッセージを伝えることになり、クライエントに混乱を生じさせることになる。

2）無条件の肯定的配慮

　クライエントに肯定的な態度を取ること、つまり、クライエントを尊重し、受容し、信頼することである。実は、このような態度を取ることはカウンセラーにとっては恐ろしいことである。ロジャーズは、この恐ろしさの反動として、専門職を強調したり、評価的態度を取るのであり、これによってクライエントとの距離を取るのではないかと述べている。カウンセラー自らの感情や態度に気づきながら、クライエントを独立した存在として尊重するには、カウンセラーに内面の強さと安定がないとできないと言える。

3）共感

　共感を説明することは大変難しい。辞書的には、他者の感情をその人の身になって感じ取って理解することとされるが、このようなことが可能になるには、カウンセラーはクライエントの話を積極的に聞き取り、自らの類似した感情を掘り起こして、クライエントに寄り添うことが必

要である。したがって，クライエントとカウンセラーは別の人格としてカウンセリング関係にいるのであるから，カウンセラーはクライエントを理解するのに魔法のようにさっとわかるわけではない。想像したり，とまどったり，迷ったり，さまざまな過程を通って，言い換えれば，確認をしながらの理解と言ってよいであろう。

　以上のような態度が，ロジャーズの述べたカウンセラーに要求される要因であるが，それは成熟した人に備わるものであり，また，クライエントからたえずカウンセラーも成長が促されるということになる。カウンセラーとクライエントは「いま，ここ」での関係に意味を持つのであるから，ロジャーズにとっては過去の生活歴や病理的側面のアセスメントはそれほど重要ではなかったのである。また専門家へのこだわりもないと言える。

　最後に，カウンセラーの態度について重要なことを付け加えておきたい。ロジャーズは，晩年になって「感情の反映」(reflection of feeling) という記述用語について，非指示的という言葉で技法とされることを避けたと同様に，感情の反映も技法と解されて，彼の本意ではなかったと反省している。むしろ大切なのは，カウンセラーはクライエントの鏡になることだから，感情の確認と言うべきであると述べている。これによって，クライエントはありのままの自分に気づくことができると，彼は訂正している（1982年「気持ちの反映と転移」）。彼はこの論文で「私は気持ちのリフレクションをしようとしているのではない。私はクライエントの内的世界について，私の理解が正しいかどうかを見極めようと思っている」と述べ，「理解の確認」(testing understandings) あるいは「知覚の確認」(checking perceptions) という用語を提案していることを述べておきたい。この考えはロジャーズの理論を非常に明確にしたものと考えるからである。

②カウンセリングの目指すもの

　カウンセラーとの信頼関係によって，クライエントが本来持っている回復への力を発現させ，自己実現に向かうとロジャーズは考えていた。カウンセラーの純粋で一致している態度が鏡となって，クライエントは自分のありのままを知り，受け入れることができ，そのことがクライエントを変化させていくことになると言えよう。そして，カウンセラーから尊重された体験から，クライエントは自己概念を変化させることができるのであって，自己実現とは自己概念の変化・変容と言えるのである。

　ロジャーズの治療観・人間観は，人間を本来変化可能な存在として認めたことに意義がある。この考えは人間の成長とカウンセリングの役割について，多くの人々から受け入れられたことは事実である。しかし一方で，専門家にとっては心の多様な働き方，その病理などがあまり考慮されていないという批判もある。現在では，ロジャーズの人間への限りない信頼，カウンセラーの基本的態度を評価する一方で，アセスメント力や心の病理に関する知見も必要であることを多くのカウンセラーは受け入れていると言える。

〔参考文献〕

小此木啓吾（1964）『精神療法の理論と実際』（医学書院）
ロジャーズ,C.R.，伊東博・友田不二男・佐治守夫編訳（1966〜67）『ロジャーズ選集1〜18巻』（岩崎学術出版社）
フロイト,S.（1968〜1984）『フロイト著作集』〈全11巻〉（人文書院）
カーシェンバウム,H.，ヘンダーソン,V.L.，伊藤博・村山正治監訳（2001）『ロジャーズ選集（上)(下)』（誠信書房）

# 5. カウンセリングの準備

「カウンセリングの準備」と言う場合，カウンセリングを始める前に，治療者がまず整えておくべき準備と，個々のクライエントの治療に際して，カウンセリングに入る直前になすべき準備との2つが考えられる。前者は，治療者になるための準備，後者はカウンセリングを始める準備とも言えるだろう。

## 1. 治療者側の準備

では，カウンセリングないし心理療法の治療者となるには，どのような準備が必要だろうか。主要なものを挙げて検討してみよう。

### ①基本的態度の育成

治療者の働きかけは，受容的態度と支持的態度（acceptance and support）を基本とする。治療者は，心からの共感をもってクライエントの話に耳を傾け，約束や秘密は一貫して守り，クライエントが安心して自己表現できるような安定した治療関係を作り出さなければならない。クライエントの持つ苦しみや弱点はそのまま受け入れて，やたらに励ましたり説得したりしないで，クライエントの心の混乱を生み出している背景について，一緒に考えていこうとする姿勢を保つ。そして，クライエントの持っている健康な防衛や適応の機能を支持し，正常な自我に働きかけて，役割適応を援助していく。

このような受容と支持と並んで，傾聴する態度も大切である。クライエントの訴える悩みに，真剣に耳を傾け，それに共感しつつその深い意

味について理解を進めていくと，やがてクライエントは治療者に強い信頼感を抱くようになる。この種の陽性感情は，治療への動機づけを強化し，治療関係を支え，治療的介入を受け入れやすくしてくれるので，カウンセリングの基盤となるものである。

　受身的・中立的態度（passivity and neutrality）の重要性も忘れてはならない。治療者は，自分の考えや意見を押しつけることを避け，クライエントの心が自由に活動し，成長していくのを待たなければならない。また，治療者は，善悪などの判断は差し控え，価値基準にとらわれない自由な態度を保つ必要がある。

　このような態度を身につけることは，実はなかなか難しい。例えば，受身的態度と言っても，積極的で支配的な性格の人は，つい相手にお説教をしたくなるだろう。中立的態度と言っても，道徳心の強い人は，つい相手の過去を責める口調になるかも知れない。それらを修正していくには，絶えず自己反省をし，治療者としての自己洞察を深めていくしかない。

②カウンセリングの勉強

　カウンセリングには，種々の立場がある。精神分析，分析的心理学，クライエント中心療法，森田療法，芸術療法など，主なものだけでも十指に余る。それらの中から，どの立場のカウンセリングを学ぶかは，多くは偶然によって支配される。入学した大学や，最初に出会った指導者が，どのような立場でカウンセリングを行っているかによって決定されてしまう。それは仕方のないことなので，まずその指導者の教えに従って，十分に学びかつ研鑽することが大切である。そして，その立場に縛られて他を排斥することなく，しだいに他の学派の理論や技法にも視野を広げてゆき，各学派や各立場の長所や短所を統合して自らのカウンセリングを確立してほしい。そのためには，自分の考えや技法を臨床の中

で絶えず確めていく姿勢が必要であり，おそらく 10 年ないし 20 年，あるいは一生に及ぶ勉学が必要と思われる。

③スーパーヴィジョン

スーパーヴィジョン（supervision）とは，受け持ったクライエントの実際のカウンセリングについて，各回ごとに指導者（supervisor）の前で報告し，指導を受けることを言う。一般に，50 分の治療に対して，約 1 時間のスーパーヴィジョンを受ける。その内容は，クライエントの心理や病態の理解，発病の精神力動，治療的介入のやり方の適否など，多岐にわたる。カウンセリングは，治療者とクライエントの 1 対 1 の人間関係を基礎にして成立し，その治療過程に他者の介在を許さない。そのため，きわめて閉鎖的で独りよがりの関係に陥りやすく，治療者としてのやり方が正しいかどうかの判断を自分では下し難い。しかも，治療者自身の無意識的な心理が，カウンセリングの過程を歪曲するように作用しているときは，経験ある指導者の指摘があるまでは，それを修正することは困難である。その意味で，治療者が自己洞察を深めていくためにも，スーパーヴィジョンは不可欠である。

④必要な勉強

まず，臨床心理学の勉強を十分にやらなければならないことはもちろんだが，次に大切なことは，異常心理学ないし精神病理学である。治療者は，精神障害，特に神経症や精神病について，その症候学や疾病論を学んでおかなければならない。これは，ややもすると心理領域で軽視される傾向があるが，疾患によってはカウンセリングがむしろ有害に働く場合もあるので，注意が肝要である。軽い病気と思ってカウンセリングを続けていて，精神病の発病を見落としてしまったり，神経症のクライエントがカウンセリングによってしだいに退行して，精神病が顕在化することも希ながらあるからである。この後者を潜在性精神病（latent psychosis）と呼ぶ。

　発達心理学の勉強も重要である。特に自我心理学的な発達論と，精神分析的な精神・性的発達論を学び，乳幼児期の母子関係や，分離・個体化過程，発達と退行理論や人格形成の過程，さらに思春期心性などについても理解しておかなければならない。

　また，力動精神医学は，種々のカウンセリングに共通の基盤を与えてくれるものなので，これを学び，全体論的な（holistic）見方を身につけることが期待される。ちなみに，全体論的な立場とは，人間を心理―社会―生物学的に規定される存在として，全体的な視野の中で捉えていこうとする立場を意味している。

## 2. カウンセリングを始める準備

　治療者がクライエントに出会った時点から，いきなりカウンセリングが始まるわけではない。通常，4，5回の予備面接ないし診断面接を行い，クライエントの病態や発病の精神力動についておおよその理解を持ち，カウンセリングの適否を検討した上で，治療契約を結び，そこからカウンセリングを開始することになる。

　以下において，予備面接ないし診断面接で，クライエントから聴取すべきことを述べる。

①病歴の聴取

　最初に，クライエントがどのような主訴（chief complaint〈主な悩み〉）を持ち，それがいつごろから始まり，どんな経過をたどってきたかを聞く。例えば，主訴が始まる前に，職場や学校でどんな問題があり，どんな人間関係上の悩みを経験したか。主訴が発症してから，どんな不適応状態が生じ，それにどう対処してきたか。相談所や医療機関を訪れたか，訪れたとすれば，そこでどんな対応をされ，それにどんな感じを

受けたかなど，あまり根掘り葉掘り追及することは避け，むしろゆったり構えてクライエントのペースに合わせて話を聞き，その中から要点を抽出していく態度が大切である。特に，それ以前に他の機関を経由してきているクライエントの場合，そこでの経験の内容と紹介の経緯を知っておく必要がある。以前の経験や紹介のされ方によって，カウンセリングに対してある種の先入観ができあがってしまい，それがその後の治療過程に種々の障碍を生むことがあり得るからである。

②趣味，友人関係の聴取

　音楽，陶芸，スポーツなど，趣味について聞く。また，親しい友人の数や交友関係について聞く。これらは，クライエントの性格傾向や社会性，日常の生活状況を知る上でも大切である。

　もしさりげなく聞けるなら，クライエントの教育歴や成績も知っておきたい。カウンセリングを続けるには，ある程度の知的能力が必要だからである。しかし，これはクライエントの自尊心を傷つける恐れがあるので，無理に聞き出すのは避けるべきである。

③家族歴の聴取

　父母の年齢，職業，健康状態，同胞の数や年齢などを聞き，その間に家族内の人間関係のあり方をそれとなく聞き取っていく。父親が厳しすぎたり，家庭に無関心だったりしないか，母親が過保護で口やかましいか，同胞間の競争や葛藤はないかなどをできれば明らかにする。その結果は，例えば次のように図示するとわかりやすい。

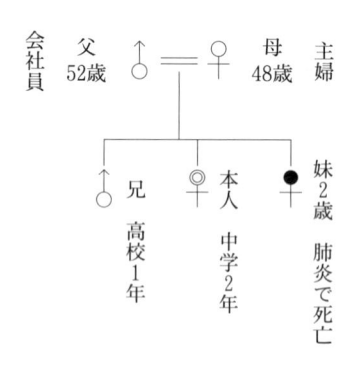

会社員　父52歳　♂＝♀　母48歳　主婦

兄　高校1年　♂　　本人　中学2年　◎　　妹2歳　●　肺炎で死亡

父：気難しく，仕事中心
母：病弱，神経質
兄：野球部選手
　　明朗

④症候学的診断

以上の面接過程を経て，ほぼ次の諸点を明らかにする。

(1) クライエントはどのような問題で，いつから悩んでいるか。どんな症状に苦しんでいるか。
(2) クライエントをめぐって，どんな現実的な困難が認められるか。特に家庭や職場の対人関係はどうか。
(3) 治療上，家族や友人の協力がどの程度得られるか。
(4) クライエントが，どの程度の病識と治療意欲，治療への動機づけ（motivation）を持っているか。また，治療を継続していくだけの自我の強さを備えているか。

以上の事柄を総合的に検討し，この段階で症候学ないし異常心理学に照らして，症候学的なレベルでの診断をする。例えば，不安神経症だとか，強迫神経症あるいは抑うつ症，発達遅滞，統合失調症などの診断がこれである。そして，どのような援助が適切か，治療方針を立て，カウンセリングを行うか，あるいは他機関（児童相談所やクリニック）に依頼する方が良いかを十分に考えた上で，カウンセリングを行うことに決まったならば，次の生活史の聴取に進む。

⑤生活史の聴取と定式化

誕生の日から今日まで，クライエントが家族とどのような人間関係の中で，どのような経験を積みながら生育してきたのか，心身の発達史を聞くのが生活史の聴取である。

出産時については，早産や難産ではなかったか，注意して聞く必要がある。

成長過程については，①人工栄養か，母乳か，②指しゃぶりはなかったか，③発語や歩行開始は何歳ごろか，④幼児期に手術や入院はなかったか，⑤最も早期の記憶は何か，⑥子どものころ，両親をどんな人と感

じていたか，⑦両親の育児態度はどうだったか，⑧どっちの親に親近感を持っていたか，⑨両親の相互関係はどうだったか。例えば，情愛のない冷たい関係だったか，⑩同胞間の年齢差や関係，⑪家族の死など喪失体験の有無，⑫引越しの有無，⑬両親の病気や離婚の有無，などを聞かなければならない。

　クライエントが，思春期以後の年齢の場合には，さらに，①性に関する生活史，例えば月経の発現やその際の反応（例えば嫌悪や恥），②性体験とその反応，異性との関係のパターン，③結婚していれば，配偶者との感情関係とその推移，④家庭での仕事の分担と協力の度合，⑤子どもがあれば，その子どもに対する感情や養育態度，⑥職業についていれば，その職業に満足しているか，単なる生活の手段なのか，専業主婦ならば，現在の生活に後悔を感じていないか，⑦転職を繰り返しているなら，その理由は何か，などを知る必要があろう。

　以上の諸点に注目しながら，クライエントの誕生から現在までの生活をたどっていくと，クライエントの背負っている歴史の全体と，多様な体験とそれに対する反応のパターンが見えてくる。そして，そのような生活史の中で形成された病気の基礎ともなるパーソナリティ傾向，直接的な発病の契機となる体験（心的外傷〈psychic trauma〉），病状を直接左右する現実の環境条件などが明らかになる。

　このような生活史の聴取を基礎にして，生活史的要因と現在の環境要因を共に考慮し，さらに以前に聴取した病歴も勘案して，クライエントのパーソナリティ全体を理解し，精神疾患の起源とその意味を説明する仮説を立てること，これが定式化（formulation）と呼ばれるものである。力動的診断とは，この定式化を得るための診断であり，症候学的診断が，症状レベルの比較的表層の現象に着目しているのに対し，心の深い層に手がかりを求めている点が違っていると言えよう。

もちろん，この定式化はその時点で得られた暫定的なもので，治療関係が深まるにつれ，漸次書き直されてゆく性質のものである。

## ⑥生活史聴取の目的と注意点

　生活史は，前述のように定式化を行い，今後どのような方針でカウンセリングをやってゆくか，治療計画を立てる上で必要なものである。ここで生活史を聴取する目的と，聴取する際の注意点をまとめておこう。

　クライエントの過去の詳細な歴史を聞くことには，どのような意味があるのか。それはまず，クライエントの心に，昔も今も働いている心的な諸力（自我，衝動，道徳心など）を知り，さらにパーソナリティを形成している自我の防衛機能や適応のパターンを知る上で，欠くことのできないものである。クライエントは，この防衛機能や適応のパターンが病態化しているので，カウンセリングを通して，これらを正常化し，クライエントが歴史に縛られて一定の考え方や生き方を我知らず反復するのを止められるように援助してゆくのである。

　このような生活史の聴取には，次のような利点が挙げられる。

　(1)その後の治療過程で起こることが，予測可能となる。（父母に無視された人は，治療者にも無視されるのを恐れる行動に出やすい。）

　(2)混沌としてよくわからない症状や不安が整理できて，理解可能になる。それによって治療者の気持ちが安定する。

　(3)なぜクライエントが変わった行動をするのかがわかり，寛大な気持ちで受容できるようになる。（反抗的言動も，過去に裏切られた体験があり，そのときの怒りの転移と理解すれば受け入れられる。）

　(4)生活史聴取の過程で，力動的な考え方をクライエントに暗黙のうちに教育し，クライエントを内省的態度へと導く。

　生活史を聴取する際に，注意すべき事柄は次のごとくである。

　(1)実際の現実よりも，心的現実（psychic reality）を重視する。つ

まり，起こった事柄の日付や時間的経過など，外的なデータよりも，その事柄をクライエントがどのように受け取り，どう解釈したか，という内的データの方が重い意味を持つと考える。

(2)次々に質問せず，むしろ自由に話させ，それをカウンセラーの方で整理して聞いてゆく。そして，口ごもったり，特定の話題を避けようとしたりする態度（非言語的表出）にも注意を向ける。

(3)質問の仕方は，いわゆる open question で行い，クライエントが自由に答えられる形式でなければならない。（「お母さんは優しかった？」は良くない。「どんなお母さんでしたか？」と問うと，多様な答えが期待される。）

(4)クライエントの人生で反復された体験，類似の反応を引き起こした体験に特に注目する。喪失体験，拒絶された体験，愛情を剥奪された体験など。（例えば，父の死，父母の離婚，母の入院，引越し，妹・弟の出産など。）

#### ⑦予備面接から治療面接へ

以上の予備面接が終わり，症候学的診断と力動的診断がなされて，一応の定式化が終わると，それに基づいて今後の治療方針が立てられる。そして，カウンセリングが適切と判断されると，クライエントに対してカウンセリングの必要性を伝える。そしてカウンセリングのセッティングないし構造（structure）について十分に説明し，クライエントが同意したならば，そこで治療の契約を結びカウンセリングを開始することとなるのである。

〔参考文献〕
土居健郎（1961）『精神療法と精神分析』（金子書房）
小此木啓吾編（1964）『精神療法の理論と実際』（医学書院）
小此木啓吾・馬場禮子（1972）『精神力動論』（医学書院）
木戸幸聖（1976）『面接入門』（創元社）
小此木啓吾（1978）『フロイトとの出会い』（人文書院）
タラチョウ,S., 児玉憲典訳（1982）『精神療法入門』（川島書店）
前田重治（1986）『カウンセリング入門』（有斐閣）
霜山徳爾（1989）『素足の心理療法』（みすず書房）
平木典子（1989）『カウンセリングの話』（朝日新聞社）
安香　宏ほか編（1990）『臨床心理学大系』〈7・8・9巻〉（金子書房）
河合隼雄監修（1992）『臨床心理学3　心理療法』（創元社）
ウォーレス,E., 馬場謙一監訳（1996）『力動精神医学の理論と実際』（医学書院）
三木善彦（1996）『内観療法入門』（創元社）
河合隼雄ほか編（1999）『心理臨床の実際』〈第6巻〉（金子書房）
鑪幹八郎・名島潤慈編（2000）『心理臨床家の手引』（誠信書房）

# 6 カウンセリングにおける見立て

　医学的治療は，まず患者がどのような悩みを抱えているかを聞き，その悩みがどんな病気に由来しているかを考えることから始まる。つまり詳しい問診や診察，さらに検査を行って，病気の種類，原因を探り，その上で治療方法が決定されるのである。
　見立て（ないし診断）とは，この手続きを意味しているが，この手続きを疎かにすると，治療は失敗しかねない。診断ミスと呼ばれるものがこれであって，見立てを誤ると，見当はずれの薬を何カ月も投与したりして，かえって病気を悪化させてしまうこともあり得るのである。
　このように，医学的治療が適切に行われるためには，最初の見立てがきわめて大切であるが，それはカウンセリングにおいても変わりはない。カウンセリングに先立って，まずクライエントの話に耳を傾け，苦しみや悩みの内容，治療への動機づけや意欲，病気の重さ（病態水準），自らの病気についての理解（病識）の有無などについて把握しなければならない。通常は，4，5回の予備面接ないし診断面接の間に，病歴，家族歴，生活史の聴取を行って，クライエントの病態と発病の精神力動についての見立てを行って，その上でカウンセリングが必要かどうか，必要とすればどの種のカウンセリングが適切かの選択がなされる。
　前章で述べたように，カウンセリングにおける見立ては，症候学的な見立てと力動的な見立てに分けられる。本章では，これらについてもう少し詳しく述べることにしたい。

## 1. 症候学的な見立て

症候学的な見立てを行うには，精神症候学や異常心理学についての知識が必要である。それらの詳細は，ここでは述べるゆとりがないので，各自で章末の参考文献を手がかりにして学んでいただく他ない。重要と思われる事柄についてだけ，以下に要約的に触れておこう。

①心の病の種類

心の病はたくさんあるが，原因によって分けると，実は次の4種になる。私たちは，まずこの4種を心に留めて，心の病と向き合う必要がある。

1）心理的な体験が原因で起こる心の病

　　a．神経症（neurosis）

心理的な原因（心因）によって生じる心と身体の働きの異常。特有のパーソナリティの持ち主に起こりやすい。

　　b．心因反応（psychogenic reaction）

比較的最近の心因的体験に引き続いて生じる心身の異常。突然の災害や事件に出会って，腰が抜けて動けなくなったり，蒼白となってふるえたりする「驚愕反応」，警察に留置されている間に，恐怖や後悔の気持ちから幼児化したり被害妄想を持ったりする「拘禁反応」，ささいな事件から自分の権利が侵されたと思い込んで熱狂的に訴訟を続ける「好訴妄想」などがある。

2）脳の働きが障害されて起こる心の病

これには，次の3種がある。

　　a．器質精神病（organic psychosis）

頭の怪我，脳腫瘍，脳動脈硬化など，脳が直接侵されて生じる精神病。

　　b．症状精神病（symptomatic psychosis）

肺炎や尿毒症，糖尿病など，全身性の病気がもとにあって，そのために脳の働きが損なわれて生じる精神病。

　　c．中毒性精神病（intoxicated psychosis）

　アルコール，覚醒剤，一酸化炭素，睡眠薬などの中毒によって生じる精神病。

３）脳に原因があると推測されるが，まだ原因が不明の心の病

　これは，内因性精神病（endogenic psychosis）と呼ばれ，三大精神病とされる次の３種がこれに属する。

　　a．統合失調症（精神分裂病〈schizophrenia〉）

　人格が侵される病で，幻覚や妄想など神経症には見られない症状を示し，治療が遅れるとしだいに意欲や感情の乏しい状態に陥る。

　　b．躁うつ病（manic depressive psychosis）

　感情の病で，躁状態やうつ状態が周期的に起こり，病期と病期の間には全く正常な時期がある。躁とうつを繰り返す型もあるが，うつだけを繰り返す型が圧倒的に多い。

　　c．真性てんかん（genuine epilepsy）

　急激に起こる意識障害やけいれん発作を繰り返す病を「てんかん」と言う。

　てんかんには，脳の外傷や炎症が原因で起こる症候性てんかん（または部分発作）と，大きな器質的病変が認められず，遺伝性素因や幼時の脳全般の障害と推測される真性てんかんがある。

４）心の発達障害

　これには，次の２種がある。

　　a．精神遅滞（mental retardation）

　精神遅滞では，主として知的機能の発達が平均より遅れている。それとともに，多くの場合，社会適応がうまくいかず，適応行動の障害をと

もなう。運動機能の発達も遅れていて，木登りなどが下手だったりする。また性格も柔軟性に欠け，執着心が強かったり，強情だったりする。

　b．性格障害

　パーソナリティ障害，または人格障害と呼ばれることもある。性格が歪んだ発達をして柔軟性を失い，そのために周囲の人びとに迷惑を及ぼしたり，自分自身が悩んだりするものを言う。

　その主なものを挙げておこう。

　ⅰ）シゾイド性格（分裂型性格）：孤独を好み，人間関係を持つのが下手。他人との情緒的関わりを嫌う。

　ⅱ）自己愛性格：うぬぼれが強く，他人は自分に奉仕するために存在すると思い込み，平然と他人を利用する。

　ⅲ）反社会的性格：非行，虚言，盗みなどを繰り返して，平然としている。

　ⅳ）強迫性格：過度に几帳面で完全欲が強く，倹約で堅苦しい。

　ⅴ）演劇的性格：自己中心的で虚栄心が強く，嘘や芝居がかった行為で他人の目をひきつけようとする。

　ⅵ）爆発型性格：ささいなことで怒りを爆発させ，衝動的に暴力をふるう。

　ⅶ）回避型性格：傷つくことを恐れて人間関係を持つのを避け，引きこもってしまう。

　ⅷ）境界人格障害：たえず空虚感や孤独感に悩み，ささいなことで衝動的な行為に走ったり，アルコールやギャンブルへの耽溺，過食や自傷などの自己破壊的行動に陥ったりしやすい。

②症候学的な見立ての手がかり

　次に，臨床の場で出会う主な心の病について，症候学的な見立てをする際の手がかりとなる特徴を述べておこう。

a．神経症においては，不安，抑うつ，恐怖などの感情が，異常な強さで生じてくる。しかし，それらはいずれも健康者が抱く感情と，強さの点で異なっているだけで，質的に異なるわけではない。また，神経症では，現実検討は正常で，現実についての把握は正確なため，まわりから見て特に奇異な感じはしない。思考障害（例えば妄想）や知覚障害（例えば幻覚）はなく，症状は自分とは異質でなじめないもの（自我異和的〈ego alien〉）として捉えられている。

b．精神病では（統合失調症でも，躁うつ病でも），現実性が失われて，現実を正しく理解する力（現実検討力）が低下し，代わって非現実的な観念が肥大する（例えば被害妄想や貧困妄想）。あるいは，自分と他人の境界（自我境界〈ego boundary〉）が弱まって，自分の考えや衝動が，他人の考えや衝動のように感じられる（例えば，考えを頭の中に吹き込まれる，ロボットのように操られると感じる）。あるいは，健康者には見られない（質的に異常な）症状が現れる（例えば幻覚など）。その他，対象関係の障害，思考内容や思考過程の障害，自分の一貫性や連続性を保つ自我の統合機能の障害などが特徴である。

c．性格障害には，すでに述べたように種々の類型があるが，いずれも神経症と違って，自分の病状にあまり悩まないか，ほとんど気づかないのが通例である。それは，性格は自分にきわめて近いもので，自分そのもの（自我親和的〈ego syntonic〉）とも言えるからである。

d．自己愛性格では，自分を過大視して，他人を軽んじ，他人はすべて自分に奉仕するために存在しているように思っている。他人に尽くしてもらっても，当然と思って感謝しない。

e．境界人格障害では，神経症と違って自我の統合性が弱まって，同一性の拡散（identity diffusion）が認められる。一方，精神病とは違って，現実検討力は保たれている。自我の防衛機能について見ると，神

経症では抑圧が優勢であるのに対し、回避、否認、分裂、投影などの、いわゆる原始的防衛の使用が優勢である。

## 2. 力動的な見立て

　力動的な見立てとは、前章で述べたように、病歴、生活史と現在の環境要因、家庭や職場の対人関係を勘案して、クライエントのパーソナリティや心の病の原因を深く理解することを意味している。このような見立てを行うには、病歴や生活史、対人関係などについて、ある程度詳しく聴取することが必要であり、そのような聴取が可能となるには、治療者とクライエントの間に、一定の信頼関係が成立していなければならない。したがって、力動的な見立てが得られるまでに、数回の診断面接が行われるのが通例である。

　力動的な見立てをする上で、重要な手がかりを与えてくれる生活史の聴取については、前章で述べたので、ここでは生活史からクライエントのパーソナリティや病理の形成過程を読み取るために大切な、心身の発達論的な見方について要点を述べておこう。

①発達論的な見方の大切さ

　心身の発達過程は、性格や心の病の素因の形成と深い関わりを持っている。特に、乳幼児期の親子関係の中でなされた体験は、神経症や性格形成の素因として重要である。

　だから、実際のカウンセリングにおいては、まず生活史を聴取して、各発達段階において家族とどのような人間関係の中で、どんな経験を積みながら成長してきたのかを理解しようと試みる。

　各発達段階特有の問題点や発達課題に留意しながら、クライエントの誕生から現在までの生活をたどっていくと、クライエントの背負っている歴史の全体と、多様な体験とそれに対する反応のパターン（すなわち

性格）が見えてくる。そして，心の病の基礎となる性格傾向が，生活史の中でどのようにして形成されたか，直接的な発病契機となった体験（心的外傷〈psychic trauma〉）は何か，病状を左右する現実の環境条件はどうか，などが明らかになるにつれて，クライエントの理解が深まっていくのである。

　心の病を深く理解し，心理療法を的確に進めていくためには，このような発達論的な見方が必須であり，そのためには，心身の発達論の理解はきわめて大切である。紙数の関係で，ここでは詳しく述べる余裕はないが，フロイトの精神・性発達論，エリクソンやアンナ・フロイトの発達論，スピッツやマーラーの発達論について，心理臨床家を志す人は十分に学んでおくことが期待される。

　以下において，各発達段階ごとに，親子関係のあり方や発達課題が，性格形成や心の病の発症とどのように関連しているか，簡単に説明しておこう。

②誕生から2歳まで

　この時期は，フロイトの精神・性発達論によれば，口唇期に当たる。つまり，口腔粘膜が快感を得るための中心的な器官であり，乳児は，母の乳房を吸って空腹を満たすと同時に，口腔部の快感を得て，口愛欲求を満たしている。また，エリクソンは，この時期を基本的信頼対不信感の時期と呼び，母の情愛深い態度が乳児の心に母への信頼感を発達させるだけでなく，自分が母の愛情にふさわしい存在だという自己への信頼感も発達させていくことを指摘した。このような自分と周囲への信頼感が基本的信頼（basic trust）と呼ばれるもので，人間の健康な発達を支える最も根源的な感情となる。

　この時期に過度な甘やかしや愛情剥奪を受けると，口唇性格と呼ばれる特殊な性格が形成される。この性格の特徴は，自己中心的で依存的な

傾向，欲求不満に耐えられず激しい怒りを爆発させる傾向，相手をむさぼり，まとわりついて離れられぬ傾向，薬物乱用や抑うつ状態への陥りやすさ，などである。

　また，この時期の外傷体験は，大人になってからの重い心の病である統合失調症，境界人格障害，統合失調（分裂）型人格障害（schizotypical personality disorder），反社会性人格障害，嗜癖，うつ病などと関連性を持つ。

　例えば，統合失調症や重い人格障害の人びとは，退行（より以前の発達段階への逆行，子どもがえり）によって乳幼児期のイメージ（内的表象）と対人関係の体験様式を再び反復するようになったのだと考えられる。

　生後間もない乳児は，未だ自分や母のイメージを心の中に作り出せず，自他の区別がつかぬまま，周囲の世界と完全に一体の状態で生きている。現実検討力も育っていない。統合失調症に見られる失見当識（時間や場所についての判断の不正確さ）は，この時期の体験様式に退行した結果と考えられる。また，乳幼児は母の不在の折に，不安を解消する手段として，幻覚的に母のイメージを描き出すと考えられるが，統合失調症の幻覚は，不安を解消したり願望を充足したりする，この原始的な様式の再活性化である場合もあろう。

　また乳幼児は，母のイメージを心の内部にしっかりと形成して保持するまでには至っていない。そのため，母との分離は，愛する対象を永遠に失って，死滅してしまうような激しい不安を引き起こす。このような圧倒的な不安を経験し続けると，基本的信頼感の形成が妨げられてしまう。統合失調症の患者が他者との分離にきわめて傷つきやすく，しばしばむさぼるようにしがみついたりする（対象飢餓）のは，乳幼児期の母子分離をめぐる外傷体験の結果だと考えられる。

古い病名である精神分裂病の分裂とは，自己と対象のイメージ（表象）の断片化を意味している。つまり，乳幼児期には，悪い自己と良い自己，悪い対象と良い対象がそれぞれ未だ統合されず，切り離されたままになっている。また，自己と対象の間の境界もぼやけたままである。そのため，この段階まで退行が生じると，欲求不満を与えられたときに実際以上に激しく相手の悪意を感じて，それに対して強い敵意を抱いてしまう。そしてその敵意を，相手が抱いているように受け取って迫害妄想を持ってしまうことになる。自他の境界があいまいであるために，自分の感情を他者の感情のように確信してしまうのである。

③ 2歳から3歳ごろまで

　この時期は，フロイトの言う，いわゆる肛門期に当たる。つまり，肛門周辺の直腸粘膜や肛門括約筋が，快感の主要な源泉となり，便の保持や排出によって幼児は快感を得るようになる。一方，エリクソンは，心と環境の相互関係に注目して，この時期を自律性対恥の期間と呼んだ。

　これまで，自分の快感のわくままに排便していた子どもは，トイレットトレーニングの開始とともに，今や両親の許す場所と時間に限って緊張の開放をしなければならない。自分の願望と周囲の願望の衝突を，子どもははじめて経験する。もし両親が過度に厳しいしつけをし，子どもの排泄物に対して強い嫌悪感を示し続けるなら，子どもは自分の身体とその働きに対して，何か悪いものであるかのような感覚を抱き，この段階に特有の防衛機能（反動形成，打消し，分離）を機械的に反復するようになるだろう。

　こうして形成されるのが肛門性格であり，また肛門期への退行によって生ずるのが強迫神経症である。

　肛門性格者は，倹約とけちん坊（対象を保持しようとする傾向への固着），頑固と強情（母の強制への受身的拒否），几帳面と従順（肛門期の

サディズム傾向の反動形成)，過度の潔癖（厳しい超自我）などの特徴を持つ。

強迫神経症については，肛門期への退行が起こり，そこで攻撃的加虐的衝動が再活性化されること，この衝動を防衛しようとして，反動形成，打消し，分離などの防衛機能が動員されること，強迫神経症の症状はその結果に他ならないこと，などが力動的立場から述べられている。

④ 3歳から5歳半ごろまで

この時期は，フロイトの言うエディプス期に当たる。つまり，性器が快感の源泉となり，幼児の関心が性器に集中するとともに，幼児が「母と子」という2人の関係から，「父と母と子」という三者関係の世界に入る時期である。この時期を，エリクソンは発達の精神社会的な面に注目して，自発性対罪悪感の段階と呼んだ。

この時期に入ると，幼児は性の区別に目ざめ，男の子は母に性的関心を抱くようになり，父を競争者と見なして，父の不在や死を願うようになる。そして，その敵意のせいで父に処罰されるのではないかという不安を持つに至る（エディプス・コンプレックス）。

正常な発達では，男の子はこの父への敵意を抑圧して，父同一化をして，男性としての自己を確立していく。しかし，ある種の男の子は，父に処罰される不安から，父と競争するのをやめ，父への敵意を放棄し，母同一化をして父に愛される道を選んでしまう。このような男の子は，能動的な男性らしさを発達させることができず，むしろ同性愛的傾向を発達させてしまう。

このように，エディプス期は性格障害と関連するが，その他にヒステリー性格やヒステリー神経症とも結びついている。

ヒステリー性格では，たえず人びとの注目を引こうとして，誇張された言動を示し，自己顕示的で，派手な服装を好む。性的に挑発的な行動

を示したり，芝居がかった態度や甘えた依存的態度を示したりもする。この性格は，エディプス期への固着とともに，より早期の口唇期への固着も無視できない。

ヒステリー神経症は，次のように説明される。思春期に入って異性愛に目ざめてくると，エディプス期に固着のある人では，異性の親への欲望とその抑圧をめぐる不安と葛藤が活性化し，退行が進む。そして，抑圧された無意識的な欲望が，例えば失立，失歩などの身体症状に転換される。一方，感情が不安定で，衝動性が高く，依存的でしがみつき傾向の著しい，誘惑的態度の目立つタイプのヒステリー神経症では，その基礎に口唇期への固着があることも指摘されている。

⑤その後の発達段階

以上，誕生から5歳ころまでの発達段階における外傷体験や発達課題と，性格や心の病の関連について素描してきた。これ以降の発達段階，すなわち学童期，青年期，中年期，老年期には触れる余裕はないが，乳幼児期同様，これらの時期も重要な意味を持っている。

例えば，青年期は心理的・社会的発達を遂げるために，きわめて重要な意義を持つ。性衝動の支配，親との心理的依存関係の解消，親密な友人関係の形成，男性または女性としての自己の受容と，自我同一性の確立など，青年が乗り越えなければならない発達課題は多い。青年期における心の挫折の多くは，これらの課題の乗り越えに失敗した姿として捉えられるのである。

したがって，乳幼児期以降の各発達段階についても，次頁の参考文献を手がかりにして，さらに勉強を深めていただきたい。

〔参考文献〕

フロイト,A.（1936），外林大作訳（1958）『自我と防衛』（誠信書房）

エンジェル,J.L.（1962），小此木啓吾・北田穣之介・馬場謙一訳（1976）『心身の力動的発達』（岩崎学術出版社）

エリクソン,E.H.，仁科弥生訳（1977，1980）『幼児期と社会Ⅰ・Ⅱ』（みすず書房）

ボウルビィ,J.，作田　勉監訳（1981）『母子関係入門』（星和書店）

マーラー,M.S.・ベルグマン,P.F.，高橋雅士ほか訳（1981）『乳幼児の心理的誕生』（黎明書房）

飯田　真ほか編（1983）『岩波講座・精神の科学6　ライフサイクル』（岩波書店）

エリクソン,E.H.（1982），村瀬孝雄・近藤邦夫訳（1989）『ライフサイクル，その完結』（みすず書房）

北田穣之介・馬場謙一・下坂幸三（1990）『増補　精神発達と精神病理』（金剛出版）

レヴィンソン,D.（1978），南　博訳（1992）『ライフスタイルの心理学』（講談社文庫）

ウォーレス,E.R.，馬場謙一監訳（1995）『力動精神医学の理論と実際』（医学書院）

馬場禮子・永井　撤編（1997）『ライフサイクルの臨床心理学』（培風館）

# 7. カウンセリングの約束

　カウンセリングとは，クライエントとカウンセラーとの「関係性」を基盤に，クライエントが自らの課題に対峙して，解決を見出してゆく営みである。親しい友人や家族，信頼できる職場の人に話すことによっても，心の負担が軽くなることがある。心の専門家であるカウンセラーは，日常的には親しい関係でない人と会い，専門的な関係を形成・維持する。

　困難を抱えたクライエントは，カウンセラーの受容的・共感的な態度に支えられて，日常的な人間関係では表現することのできないことを語ることによって，問題の解決の道筋を見出してゆく。このような専門的なカウンセリング関係を成立させるために，本章で述べる「カウンセリングの約束」が不可欠なのである。

## 1. カウンセリング関係を維持するための「約束」

　カウンセリングを開始するにあたって，インテーク面接（初回面接と呼ばれることもある）を行う。クライエントは，直面している困難をすぐにも解決する策を求めるが，カウンセラーは，クライエント自身とその背景とを，アセスメントのために知る必要がある。

　初回面接では，質問に答えてもらうことが多いことを説明した上で，クライエントに尋ね始める。カウンセリングの始まりでもある。

　まず，今，直面している問題について。その問題が，いつから始まり，どのような経過にあるのかについて説明を求める。

　次に，家族構成について。いっしょに住んでいる人は勿論のこと，別

居している家族や祖父母の性格や関係について。家族に何か困難を抱えている人が，他にはいないかどうかなどを尋ねながら，家族力動（ファミリーダイナミックス）の理解を深める。

クライエントのこれまでの生活史についても尋ねる。子どもの場合には，胎児期・出生から，幼少期，児童期，学校生活について。大人の場合も，幼少期，児童期，青年期，社会人としての生活，家庭生活など，クライエントを理解するために役立つ情報を聴取する。

これらのクライエントの多岐にわたる情報を得るためには，専門家としての訓練を要する。傷ついたクライエントを丸ごと受容できないなら，カウンセリング関係は成立しない。

## 2. クライエントの秘密への配慮

クライエントは，カウンセラーの共感的な態度に支えられて，心を開き，語り始める。やがてカウンセラーへの信頼感から，それまで誰にも話せなかった秘密をも開示する。カウンセラーが心しなくてはならないことは，医師や裁判官などと同様に，クライエントの秘密の厳守（守秘義務）である。カウンセリング場面で話したことは他に漏れないことを保証し，カウンセラーはクライエントとの約束を守らねばならない。

クライエントに関する情報を関係者に伝えなくてはならない場合には，クライエントに了解を得る必要がある。幼い子どものクライエントの情報を関係者に伝達する場合には，保護者に理解を求める。スクールカウンセラーとして児童生徒に接している場合，学校の先生方との協力関係は不可欠であり，クライエントに関する情報を共有しなくてはならないことがしばしば起こる。また，医療場面においては医療関係者との連携のために，産業場面において関係者に理解を求める場合にも，クライエントに了解を求める。

そして，関係者に伝えることがクライエント本人あるいは保護者に意味があると判断して，他職種の人々と連携する場合，クライエントの尊厳を守る姿勢を忘れてはならない。関係者の理解と協力を得るために，いつ，何を，どのように伝えるかは，カウンセラーとしての重要な専門性である。
　人への温かい気持ちはカウンセリングに不可欠であるが，善意だけではカウンセリングにならないことを，銘記しておく必要がある。

## 3. カウンセリングの場所

　友人との泊まりがけの旅行などで，長時間にわたって話し合っているうちに，日ごろは話さないような深い話に発展していることが多い。日常の生活場面から離れ，深夜まで話していると，心の奥深くにしまっていた秘密を語り始める傾向は，誰にでもある。カウンセリング関係は，深夜の，親密な仲間との語り合い以上の信頼関係を基盤にしている。
　親密なカウンセリング関係の進展のためには，守られた空間としてのカウンセリングの場所が重要である。物音や話し声などに邪魔されずに静かに話し合うことのできる，適切な空調のきいた部屋，テーブルと椅子の配置は勿論のこと，心休まるレイアウトにも配慮する。
　スクールカウンセリングは学校内の一室で行われるし，病院や企業などにおいても，カウンセリング用に設計されている部屋はまだ少ない現状にある。重荷を抱えて相談に来るクライエントの気持ちを察して，カウンセリング・ルームの設定に配慮する。カウンセリング用に完璧な場所が用意できない場合でも，クライエントを心をこめて迎えたい。テーブルの上の1本の草花が，クライエントを和ませる場合がある。重荷を背負ったクライエントは，面接開始当初には，部屋の状況等には目が届かないことも多いが，クライエントを温かく迎え入れるよう，面接室に

ついても充分に心を配りたい。

　同じ面接室を複数のカウンセラーで使用している場合は，面接時間の調整は勿論のこと，面接室の雰囲気作りもよく話し合うことが必要である。カウンセラー個人の好みを押しつけるのではなく，悩みを抱えるクライエントの気持ちをまず大切にするべきである。

## 4. カウンセリングの時間

　クライエントは，聞いてほしい想いをいっぱいにして，カウンセラーのもとに到着する。親しい友人などとの日常的な関係においては，一気に聞いてあげようとしがちであるが，専門的な関係においては，カウンセリングの時間を一定に定める。はじめて会うインテーク面接とか初回面接では，クライエントの状況を理解するために時間をかける場合もあるが，次回以降は，クライエントの年齢・性格・課題の重さや，カウンセリングに通う距離などを考慮した上で，1時間前後に定める。

　そして，時間が来たならば，その回のカウンセリングを終える。面接の時間を定めることを，「職業的で冷たい」と感じる人がいるが，永年の経験から生み出されてきた臨床の知恵による。精神分析の創始者フロイトやユングも，初期においては面接時間を定めずにクライエントと長時間会うことがあったが，臨床経験によって面接時間を定める意義に思い至り，継承されているのである。

　時間を制限しないで会うと，クライエントとカウンセラー両者の疲労によって面接が散漫になり，質が低下する。また，面接時間を定めることによって，クライエントのカウンセラーへの全面的な依存を避けることもできる。クライエントの強い転移にカウンセラーが巻き込まれることを避けたり，カウンセラーの逆転移を洞察することにも役立つ。面接時間が定まっているからこそ，その時間にカウンセラーはクライエント

に全力で関わることができる。あらかじめ面接時間を切ることによって，受容という母性的な要素の強いカウンセリングに，父性の切断の厳しさを入れ込むことが可能になるのである。

　親しい人を信頼して話したものの，途中で突き放されてしまった体験に傷ついて，カウンセラーのもとを訪れるクライエントは多い。親しい友人の延々と繰り返される訴えに付き合いきれなくなったり，生徒から激しい感情を向けられて困惑してしまった経験のある先生方は多いのである。善意だけでは，見捨てなくてはならない状況を迎える危険をよく知って，研鑽に励んでいるのが専門家と言える。

　限られた時間を力の限りに生きるということは，人生には必ず死が訪れるという，人間の現実でもあると言えよう。受容と共感を基盤とするカウンセリング関係においても，この世を人間が生きる現実から目をそらしてはならないのである。

　カウンセラーとの濃密な面接時間を経験すると，クライエントはカウンセラーと会っていない時間においても問題に目を向け，さらにカウンセラーとの面接によって取り組みが進展する。

　また，カウンセリングの時間が定まっているということは，カウンセリングの時間をどのように使うか，クライエントの自主性・主体性に任せられているとも言える。

## 5. カウンセリングの料金

　スクールカウンセラーや企業や保健所など，カウンセリングが無料で行われている臨床場面がある。無料であるということは，重荷を抱えたクライエントが金銭的な負担がなく相談できるという長所がある。

　有料のカウンセリング場面である，医療機関や開業の心理相談室におけるカウンセリングの料金はさまざまであり，個人開業の場合には諸経

費のために料金が高くなる。クライエントの支払う料金によって，開業心理臨床は維持されているからである。

　有料の面接機関においては，面接時間を自分のお金で買ったと考えることができる。無料の面接場面においては，都道府県によって，国によって，あるいは寄付によって，費用が支払われていることを忘れてはならない。

　お金を払わない方が良いと考えるか，自分のお金でカウンセリングを受けたいと思うかは，クライエントの経済状態や生きる姿勢にも関係する。面接が有料の場合には，初回の面接を始める前にクライエントに知らせる配慮を要する。

　無料の面接機関の欠点は，全てのクライエントではないが，無料に甘えて，カウンセリングに無責任になってしまう場合がある。ドクターショッピングのように，気に入るカウンセラーを探し歩いて，なかなか関係を深められないということも生じる。

　カウンセリングでは，カウンセラーに任せて自分は楽をして事が解決するというものではなく，カウンセラーと共に自らの課題に取り組むことが不可欠である。1つの面接機関を選ぶためには，他を捨てなくてはならない。熟考した上で決断し，その決断に自らをかけることが人生とも言える。

　非日常とも言える深い話し合いのカウンセリング場面に，代金としてお金という日常の要素が入って，非日常と日常とのすり合わせが生じるということの意味は大きい。お金は「たましい」の象徴でもあるので，面接料について率直に話し合うことはカウンセリングの大切なテーマとも言える。

## 6. カウンセリングの終わり方

　カウンセリングの関係は，始まりも終わりも，クライエントおよびクライエントの家族の意志によって決まることが多い。数回のカウンセリングによって終わることもあるが，何年にもわたって何十回，何百回のカウンセリングを重ねる場合もある。クライエントの取り組む課題はそれぞれに異なるので，カウンセリングの期間に長短があるのは自然のことである。カウンセリングの終結については，クライエントとカウンセラーとで充分に話し合って決める。

　カウンセラーの受容と共感に支えられて，問題に取り組み始めたクライエントにとって，更なる成長の時に直面し，カウンセリングを辛く感じて，カウンセリングを止めたくなることはよく起こる。当面の問題は解決できたと感じ，カウンセリングの終結を申し出る場合もある。「面接を終わりたい」という言葉は，ときにカウンセラーへの不満のメッセージの場合もある。

　カウンセラーが専門的な視座でアセスメントをしたことを，クライエントと充分に話し合った上で，クライエントの意志を尊重する。カウンセリングの間隔をあけて，クライエントの様子を確認しながら終結に至る場合もあるし，クライエントが終結を思い立ってすぐに終わることが意味ある場合もある。カウンセリングは一筋縄ではいかない。

　クライエントの自立にカウンセラーに不安が残る場合，あるいはライフサイクルの節目で困難に直面するであろうことが予想される場合には，必要が生じた場合にカウンセリングを再開することを伝えておく。子ども時代に良いカウンセリングを経験して，大人になってから再びカウンセラーを訪れる人もいる。カウンセリングが成長の助けになるという良い体験をして，人生の困難に直面したときに，専門家を思い出せるのは

幸運なことである。

## 7. カウンセリングに「約束」が必要な理由

　京都大学名誉教授河合隼雄先生の文章を紹介する。
「聖職者ではない心理臨床家が、その面接時間に必要な緊張感をうるためには、場所および時間の限定に加えて、一定の料金の徴収を行わなくてはならない。面接の時間は、『聖なる時間』ではないが、ことばの本来的な意味において『職業的な時間』であることを、治療者、クライエントともに明確に意識するために、料金徴収が行われる。ここに本来的な意味といったのは、ドイツ語の職業を表すことば Beruf がいみじくも示しているように、それは何らかの呼びかけ（Beruf）に応じて選ばれたものであることを意味している。つまり、そのルーツには聖なる存在をもつものである。われわれはそのルーツを意識しつつもあえて聖職としてそれを行わない …。… このような点が明確に意識されていない場合、心理療法家は自分の属する学派の創始者を絶対者のごとく思い、理論を『教義』のように受け止め、無意識的に疑似聖職者になってしまうのである。」
　聖職者ではないカウンセラーが、人の心に携わるために、時間・場所・料金などの現実的な約束が重要なのである。

　河合隼雄先生は、次のようにも述べておられる。
「現代人の心の悩みや苦しみの中核にあることは『関係の喪失』ということである、と筆者は考えている。人と人、人ともの、人と神、心と体、などの関係において、現代人は『関係の喪失』あるいは『切断』の苦悩を背負っている。… どうしてこれほどまでに、関係喪失という現象が生じたのであろうか。これは、科学技術の急激な発展により、人間は機

械を操作して，思いどおりの結果を得る，というパターンに慣れ過ぎたからではなかろうか。ここで非常に大切なことは，人と機械の関係は，操作するものと操作されるもの，として一義的であり，マニュアル通りにすれば，必ず自分の望む結果が得られるのである。人間はこれがあまりに効率的なので，機械以外のものにまで対象を拡大し，植物や動物にまでそれを応用しはじめた。」

　現代社会の先端の仕事であるカウンセリングにおいて，クライエントとカウンセラーとの「関係性」がいかに重要であるかということを，理解していただけたかと思う。その関係性を保持するために必要なことが，「カウンセリングの約束」なのである。

〔引用文献〕
河合隼雄（1986）「心理療法における場所・時間・料金について」『心理療法論考』（新曜社）

〔参考文献〕
小此木啓吾ほか編（1998）『心の臨床家のための精神医学ハンドブック』（創元社）
河合隼雄（2004）『河合隼雄著作集第Ⅱ集』（岩波書店）

# 8

# カウンセリングの実際(1)
―力動的立場から―

　この章では，カウンセリングないし心理療法がどのような経過をたどって進行するか，力動的な心理療法に即して述べてみたい。力動的心理療法は，19世紀末にフロイト（Freud, S.）によって創始された精神分析療法に基礎を置く心理療法である。一定の治療契約に基づいて，治療者とクライエントとの人間関係の中で展開される種々の力動的現象を手がかりに，心の深い層に光を当てていくことを目的とする。

　一般には，クライエントが病気についての自覚と充分な治療意欲を持っていること，及び言語的な表現能力を備えていることが望ましい。そのため，正統的な精神分析療法では，主として大人の神経症領域のクライエントが対象とされてきたが，フロイト以後，種々の方法上の変更が行われ，現在では精神病や人格障害，さらに子どもの情緒障害にまで対象が広がっている。

## 1. 治療構造

　カウンセリングないし心理療法は，治療的な人間関係の中で展開されるが，この治療者‐患者関係の展開の様式を規定する枠組みを治療構造（structure）と言う。この治療構造はクライエントの年齢や病態，治療目標に従って治療者によって選択される。この治療構造は治療者を守ってくれるものでもあり，またクライエントの病態心理を映し出す作用を持つ。構造要素を一定にすることによって，そこで観察されるクライエントの反応様式を，他のクライエントと比較検討することも可能になる。

では，治療構造とはどのようなものか，具体的に挙げると，①面接室の広さや静かさ，②面接回数と時間，③治療料金，④治療者とクライエントの配置，⑤面接日と時間の約束，⑥秘密厳守の約束，⑦基本規則，⑧治療者の態度，などがある。

上記の8基本規則の中で特に重要なのは，禁欲規則と呼ばれるもので，これは治療過程で生じてくる愛情欲求や攻撃性を，治療場面では決して行動に表してはならず，言語的な表現にのみとどめること，またそれらの退行的な要求や行動を日常生活の中でも現実化してはならないことを内容とする。この禁欲規則によって，自我は現実生活への適応の訓練を受けることになる。

治療者の態度については，小此木による"フロイト的態度"と"フェレンチ的態度"の2分類がある。

フロイト的態度とは，病識・治療理解を持ち，自ら治療を求めるクライエント，つまり主として大人の神経症患者を対象としたときの治療者の態度である。その特徴は，治療者が"治療者としての分別"に従って行動し，中立性と受動性に貫かれた態度で，クライエントと協力してクライエントの中の不合理的，無意識的要素を明らかにしようとする点にある。ここで言う治療者としての分別とは，治療者が職業的人間関係を踏み越えぬよう慎重に配慮することであり，中立性とは治療者が自分の価値観や人生観の押しつけになるような言動を避け，価値的な問題の判断をさし控える態度を保つことを意味する。受動性とは，催眠暗示と違って治療者が自分の考えを押しつけるのを避け，クライエントの訴えをまず理解することに努める態度である。この態度の背後には，クライエントの人間全体をありのままに受容しようとする，治療者の受容性と共感性が支えになっている。

フェレンチ的態度とは，ハンガリーの精神科医フェレンチ（Ferenczi,

S.）の治療態度であり，分裂病，人格障害，児童など，病識・治療理解に乏しいクライエントを対象とし発展してきた。クライエントに合わせて，治療者が態度を柔軟に変更し，治療的交流を深めるために積極的能動的にクライエントに働きかける。深い人間的愛情を基礎にして，クライエントの苦しみに耳を傾け，依存欲求を受け入れ，現実的助言を与え，クライエントの成長を忍耐強く待ち，献身的態度を保ち続ける。

力動的心理療法においては，フロイト的態度を基本とするが，しかし実際の臨床的関わりの中ではフェレンチ的態度を取る必要がある場合も少なくない。治療者には，これらの態度を状況に応じて，主体的かつ柔軟に選び取っていくことが求められる。

## 2. 治療契約と治療的退行

予備面接や診断面接において，心理療法が適当であると判断されると，その旨がクライエントに伝えられる。そして治療構造について詳しい説明がなされ，クライエントの方でもその内容について納得がいくと，そこではじめて今後治療を続けていく旨の約束がなされる。治療開始に当たってのこのような治療者-患者間の取り決めを治療契約と呼ぶが，この契約の内容は，治療過程を外的にも内的にも規制し，その後の治療過程の力動的展開の基礎となる。

治療契約の持つこのような重要性を指摘したのは，メニンジャー（Menninger, C.）であって，彼によれば，治療契約の持つ実質的な不平等性がクライエントのフラストレーションをしだいに高め，退行を促進して種々の幼児的心性を露わにしてくるという。つまり，いつ治るかわからぬままに通い続け，さしたる進展がなくても毎回料金を支払わねばならない，という葛藤状況に何とか適応しようとして，クライエントは古くから使いなれた適応や防衛のパターンを治療状況の中で反復してく

るわけである。

　ここで退行（regression）について，簡単に説明しておこう。退行とは，いわゆる子どもがえりのように，心のあり方や働きが発達過程のより早期の状態に逆戻りすることを言う。これは健康な状態でも起こり，遊び，睡眠，スポーツ，性生活，洒落など，一時的，随意的，可逆的に生じる場合がある。一方，病的な退行は，自我のコントロールが失われて，不随意的，非可逆的に起こる。健康だった小学生が，指しゃぶりや夜尿などの症状を示し始めるなどはその例である。一般に病的退行は，欲求阻止（フラストレーション）を契機として，発達上の固着点（心理的に重大な体験をした発達段階）まで逆戻りするが，それには，過去の欲動対象への逆戻りである「対象退行」と，欲動体制全体の逆戻りである「欲動退行」，さらに自我機能そのものの逆戻りである「自我退行」などに区別される。対象退行の例としては，母への強い執着などが挙げられる。欲動退行の例としては，夫が妻に甘えて依存的になってしまう場合などが挙げられる。

　さて，前述したように，治療構造や治療契約に由来するフラストレーションがしだいに高まっていくと，クライエントはもはや現在の大人のやり方では適応できなくなり，幼児期以来の使いなれた防衛と適応のパターンに依存しようとして退行していく。このように，心理療法の過程で，治療者との関わりの中で起こってくる退行を治療的退行（therapeutic regression）と呼ぶ。

## 3. 抵抗分析

　治療的退行が進むと，力動的心理療法において最も重要な治療上の手がかりを与えてくれる抵抗や転移と呼ばれる現象が生じてくる。

　ここでまず，抵抗と転移について説明しておこう。

抵抗(resistance)とは，クライエントの示す治療目的に反するすべての傾向，治療の進展を妨げる言動や態度の一切を言う。例えば，クライエントは意識的には治りたいと望んでいるにもかかわらず，治療場面では雑談ばかりしていたり，知的論争をしたり，約束の時間に遅れたり，休んだりする。これらは，治療の進展を妨げる働きをするので，抵抗と呼ばれる。
　古典的には，フロイトはこの抵抗を5種類に分類した。
　(1)**抑圧抵抗**：「何も思い出せない」と訴えるように，過去の嫌な体験を思い出すことに抵抗する力（抑圧）が働いている場合。
　(2)**疾病利得抵抗**：「親が心配して世話してくれる」など，病気によって利益が得られることから，病気であり続けようとする。
　(3)**転移性抵抗**：父に処罰される恐怖を抱いて自己抑制的に振る舞っていたクライエントが，治療者に対しても自己抑制的で心を打ち明けられない，などの現象。
　(4)**超自我抵抗**：道徳心の強いクライエントが，無意識的な罪悪感を抱き，自己処罰としての病気に固執してしまうなど。
　(5)**反復強迫**：治療がうまく進んでいるように見えても，再び逆転して幼児的欲求が再現し，それを行為として反復してしまう。幼児期の体験が，記憶として想起されず，行為の中で強迫的に反復され続ける。
　では，治療過程でなぜ抵抗に注目するのかと言えば，それは抵抗現象を通してクライエントの自我の防衛機能の特徴を知ることができるからである。防衛機能（defence mechanism）とは，不安を解消して心の安定をはかる自我の機能であるが，例えば，沈黙を続けるクライエントでは抑圧（repression）が，礼儀正しい社交的態度のクライエントでは反動形成（reaction formation）が，深刻な話を冷静に語り続けるクライエントでは分離（isolation）が主役を演じている。
　このような防衛のやり方は，それぞれの人によって特徴があり，それ

を外部から見ると，その人の性格傾向として見て取られることになる。また防衛のやり方は，状況に応じて柔軟に使い分けられるのが望ましいが，防衛機能が柔軟性を失い，機械的に反復されるようになると，外界への適応性を失って，神経症的傾向が強くなっていく。したがって，このような防衛が抵抗の形で現れたときに，それを治療の中で取り上げていくことが治療者の重要な仕事となる。これを抵抗分析（resistance analysis）と言う。

　力動的心理療法では，クライエントの無意識過程を意識化するために，治療者は解釈（interpretation）と呼ばれる言語的介入を行うが，その際には，意識の表層に近い事象からより深層の事象へと解釈を進め，治療に対する抵抗の形で現れてきた事象から優先的に解釈する，という原則がある。例えば，解釈はまずクライエントがどのような態度や振る舞いによって，心の内面の真実を話すのを避けようとしているかに向けられる。最も強く現れてくる抵抗の様式は，そのクライエントの幼児期以来の硬直した防衛機能の表現でもあるので，抵抗の分析は中心的な防衛（性格防衛〈character defence〉）の分析へと通じるものとなる。例えば，治療場面で決して感情を表さず，常に淡々とした態度を保っているクライエントの場合には，このような感情閉鎖的な態度が内面のありのままの表出を妨げる抵抗となっているわけである。したがって，いつも冷静で感情の動きが外部から見て取れない事実を指摘し，このような態度が，なぜ，何に対してひとりでに現れてしまうのかを話し合う。治療者のこのような介入を通して，クライエントはしだいに自分が用いている神経症的な適応と防衛のパターンについて理解を深めていく。こうして，自分の心の無意識的な働きを理解することを洞察（insight）と呼ぶ。

## 4. 転移分析

　一方，治療関係の進展につれて，クライエントは幼児期の重要な人物（例えば両親）に対して抱いていた感情や，その人物との関係の中で形成された対人関係のパターンなどを，しだいに治療者に向けて表してくる。これが転移（transference）と呼ばれる現象である。こうなると，本来の幼児期の対象との間の葛藤が治療関係の中に吸収されて，治療者との関係によって症状が悪化したり軽快したりするようになる。これが転移神経症（transference neurosis）が形成された状態である。これに対して，例えば両親との関係で生じているもとの神経症を，起源神経症（original neurosis）と呼ぶ。力動的心理療法は，現実と起源神経症の中間領域とも言えるこの転移神経症を治療の対象とし，これを分析することによって，もとの起源神経症を治療することを目指す。

　ここで転移について触れておこう。

　転移とは，過去の重要な人物に抱いていた感情などを，治療者に向け変えることを言う。これは現実生活においても起こり，例えば，父を慕っていたように教師を慕ったり，父を恐れていたように会社の上司を恐れたりすることがある。治療関係の中で起こる転移は，決して行動化してはならないという禁欲規則によって規制される。この規則によって治療者は守られるが，一方，クライエントは自分の中の不合理な感情に耐え，それに直面して自己洞察を深めていくこととなる。

　アンナ・フロイトは，この転移を次のように3分類している。

(1)**感情の転移**：依存感情や敵意などの転移。
(2)**防衛の転移**：抑圧，分離など，防衛の転移。
(3)**行為に移された転移**：話し方，服装，高慢や冷淡などの態度の転移。

　転移現象については，それらが治療関係を促進するように働いている

間は解釈の対象とせず，抵抗となったときにはじめて解釈を行うという原則がある。したがって，転移の分析は，一般に治療の後期になって開始されることが多い。そしてこの転移の分析こそ力動的心理療法の最も重要な部分をなすものであるが，治療者は，クライエントが自分に対して向けている感情や態度が，治療の現実にそぐわない空想的なものであって，過去において両親などに向けられていた可能性があることを繰り返し指摘するのである。このような分析を通して，クライエントは幼児期の対人関係や防衛のパターンを洞察し，過去のさまざまな記憶を思い出して，それらと現在の態度や感情との密接な関連性について理解を深めていく。

例えば，治療者を信頼して，進んで心の内面を打ち明けていたクライエントが，治療者の態度は少しも変わりがないのに，ある時点からしだいに反抗的になり，不信感や敵意を抱いて約束の面接時間に遅れたり，欠席したりし始めることがある。ことによると，彼は治療者が自分に親身になってくれない，自分を邪魔者扱いしている，という非現実的な空想を持っているのかもしれない。だとすると，この敵意や被害感は，幼児期に自分を愛してくれない母親に抱いた敵意と被害感が，治療関係の中で治療者に向けて転移された可能性があるわけである。こう考えて治療者は，クライエントの攻撃的な態度や被害感を，過去の母親との葛藤的関係と関連づけながら指摘し始めるのである。

## 5. 徹底作業

以上のような防衛と転移の分析が行われると，クライエントはそこで得られる治療的経験や洞察を統合して，病的な精神力動を克服していく。そして，やがては症状の軽減や消失だけでなく，対人関係のパターンやパーソナリティの改善にまで達することが期待される。

しかし，このような最終的な目標にまでは，決して短期間に到達するものではない。治療はしばしば年余にわたり，ときには後戻りしたりしながら，ゆるやかなラセン状をなして進んでいくのが常である。その間，治療者は繰り返し抵抗と転移の解釈を与えながら，受容的で共感的態度を一貫しつつ，クライエントの健康な自我に呼びかけ，クライエントの内部にある豊かな可能性の展開を待つのである。一方，クライエントは，治療過程で得た新しい自己認識を現実の社会生活の中で検討し，自分の防衛的態度が対人関係にどんな影響を及ぼしているかを吟味し，それらを治療者と話し合って，さらに自己認識を深めていくという努力を続ける。このような治療者とクライエントとの洞察を深めていく辛抱強い歩みを，徹底作業（working through）と呼ぶ。

〔参考文献〕
アンナ・フロイト，外林大作訳（1958）『自我と防衛』（誠信書房）
土居健郎（1961）『精神療法と精神分析』（金子書房）
フロム・ライヒマン，阪本健二訳（1964）『積極的心理療法』（誠信書房）
小此木啓吾（1978）『精神分析的面接』〈現代精神医学大系 4 A 1 〉（中山書店）
前田重治（1978）『心理療法の進め方』（創元社）
小此木啓吾ほか編（1981）『精神分析セミナー 1　精神療法の基礎』（岩崎学術出版社）
河合隼雄（1986）『心理療法論考』（新曜社）
鍋田恭孝編（1993）『心理療法を学ぶ』（有斐閣）
ウォーレス,E.，馬場謙一監訳（1996）『力動精神医学の理論と実際』（医学書院）

# 9. カウンセリングの実際(2)

　わが国ではカウンセリングと言う場合，クライエント中心療法の考えに基づくカウンセリングと理解されることが多いように思われる。心理臨床学会で行った非公式の調査にも，経験のある臨床心理士が行うカウンセリングの理論的立場として，ロジャーズの理論，および彼の理論を含む折衷的立場と言うカウンセラーが最も多かった。ロジャーズによるカウンセリングはビデオに収録されていたり，彼の著作に逐語記録が残されているので理解が容易である。日本でも佐治，田畑，鑪（たたら）らがカウンセリングのやりとりを述べているので，それらの著作に触れれば，ある程度，カウンセラーの関わり方が理解できるであろう。

　カウンセリングはクライエントが率直に自分を語ることによって，ありのままの自分に気づき，かつそれを受け入れていくことをねらいとする。どのような理論的立場に立とうともこの過程は知的な作業によって到達されるものではなく，カウンセラーとの信頼関係に支えられて体験されるので，この章ではカウンセラーの応答に焦点を当てる。また，クライエントの体験過程の変化をクライエント中心療法の立場から見ることにする。

## 1. カウンセラーの応答

　クライエントの語る「言葉」はクライエントのさまざまな体験から発せられるもので，言葉にできない内界も背景に持っている。これらは，夢，イメージやファンタジー，メタファー，原始感覚，身体感覚などで

表現されるものも含んでいる。非合理とも言えるクライエントの世界と関わるには，ロジャーズはカウンセラーの応答に関する技法化を強く懸念していたが，ある程度の応答の様式を知ることはむしろ必要だと思われる。以下に，田畑の考えを参考にしながら，カウンセラーの応答を列挙する。

### a．簡単な受容

クライエントの語る事柄や感情をそのまま受け止めて聞いていることを，相づちやうなずきで応答することである。一生懸命に聞いている姿勢が，クライエントに安心感や信頼感を与えることになるのである。

### b．非指示的リード

クライエントが語る中でカウンセラーが理解できなかった事柄や，もう少し説明をしてほしいときなどに，促したり，質問したり，確認したりする働きかけである。

### c．内容または問題の繰り返し

これはクライエントの言った言葉をそのまま返すことである。ロジャーズの非指示的療法としてわが国に広まった代表的な応答である。

### d．事柄の明確化

クライエントは緊張し，混乱しながら語る場合が多いのであるが，語る事柄の順序が前後したり，他の事柄が入ったりして状況がわからないことがよくある。このような場合には，カウンセラーはどのような事柄が生じているのかをはっきりさせないと，共感的理解や感情の明確化は難しい。非指示的リードと似てはいるが，むしろ事柄を絞って明確化するという関わりである。このことがないと，カウンセラーが思い込んだり先走ったりしてしまうことにもなりかねない。田畑の挙げた項目に追加しておきたい応答である。

e．感情の反射

　クライエントが述べる感情，あるいは言葉ではないが動作や姿勢などで表される感情をカウンセラーが受け止め，それを言葉で伝えることである。悲しみや苦しみ，怒り，心地よさなどさまざまな感情のニュアンスがある。あるいは感情を身体言語で，例えば，腹に据えかねるとか胸がいっぱいなどの応答も有効であろう。

f．感情の明確化

　クライエントは必ずしも自らの感情を言語化するとは限らないし，また明確にその感情に気がついているわけでもない。むしろ，いろいろなことを述べながらさまざまな感情が交錯していて，言葉にできない気持ちであることの方が多いと言えよう。また，笑いながら話しても深い悲しみがカウンセラーに感じられるときもある。クライエントが意識できないところまで解釈的に感情を取り上げるのは，クライエントを困惑させるだけで，クライエントには役に立たない。カウンセラーはクライエントが受け止められるような感情を明確にするのである。カウンセラーの態度で述べた，共感的理解ということも感情の明確化と関連があることはもちろんのことである。クライエント理解がしっかりできていることと，カウンセラーの臨床感覚が問われる関わりでもある。

g．「いま，ここ」での気づき

　感受性訓練やエンカウンターグループの際に，過去のことや抽象的，観念的なことではなくて，いまここにいる感じや体験を語ることが促される。個人カウンセリングでもいろいろな立場のカウンセラーがこの技法を使っている。

h．直面化

　クライエントが感情や葛藤，欲動などを受け入れられないで回避している場合に行われるものである。クライエントの矛盾している行動や発

言，気持ちを指摘したり，あるいはクライエントが述べたことと違う感じをカウンセラーが持ったときなどに行われる。クライエントの言葉だけではなく，クライエントの全体について，これまで述べられてきたことも含めて理解して行わないと有効に機能しない。また頻繁に行われる技法ではないが，特に面接がいきづまった状態のときに行われることが多い。認知レベルでの自己洞察から実際の行動に移す重要な転回点となることがある。また常識にとらわれないで，あるがままを語ってもよいという体験につながることもあり得る。

i．自己開示

カウンセラーは基本的には自分の体験や価値観，人間観，感情を述べないのが原則である。しかし，カウンセリングはクライエントとカウンセラーの協同作業で進めるものであるから，カウンセラーの自己開示が適切なときに行われるならば深い信頼関係が生まれる。自己開示をやりすぎたら説教やお節介ということになるから，そうならないような配慮がカウンセラーに必要なことは言うまでもない。

j．その他

フィードバック（カウンセラーがクライエントの行動をどう見ているかを伝える），承認―再保証（情緒的な支援や支持，承認，強化），解釈などがある。しかし，カウンセリングを始めたばかりの場合には，a～fの応答で，カウンセリングを十分進めることができるであろう。

## 2．カウンセリングの過程

ロジャーズは彼の膨大な面接の録音記録から，パーソナリティがどのような過程をたどって変化するかについて，7段階の治療過程スケールを作った（ウォーカー，A.M.『ロジャーズ全集4』）。表9-1はウォーカーの体験スケールを簡略化して示したものである。ストランズとは撚より

糸の意で、ここではクライエントの変化の次元のことである。この7つの次元はスケールが低い段階ではそれぞれが弁別されるが、次第に重複しあい、最終のレベルでは、ちょうど糸が撚りあわされるように一元化していくということになる。この体験過程は固定的なものではないので、高レベルのⅥ～Ⅶ段階に至れば常にそのレベルにいるというものでもない。ただ高レベルになるということはパーソナリティの柔軟さ、自由さ

表9-1　一般的過程連続線の図式（ウォーカーら，1960）

| ストランズ | 過程の段階<br>低（Ⅰ～Ⅱ）　中（Ⅲ～Ⅴ）　高（Ⅵ～Ⅶ） |
|---|---|
| 感情と個人的意味づけ | 自分の感情が自覚も表明もされない段階から、直接経験した感情の流れを否定することなく自分の感情と認める段階まで。 |
| 体験過程 | いまここで体験しつつあることを意識していない段階から、体験の流れの中で自己受容的に生きることができる変化。 |
| 不一致 | いま体験しつつあることと、その象徴化や他者に伝えることとの間に矛盾があるが、気づいていない段階から、一時的でも一致することがある段階へ。 |
| 自己の伝達 | 自己を喜んで伝達しようとする度合とやり方に関するもの。防衛的ではなく自由に伝達できる段階へ。 |
| 体験の解釈 | 自分の持つ諸概念が固く動かし難い段階から、新しい体験に合わせて柔軟に修正され、体験過程と照合されて検討される。 |
| 問題に対する関係 | 問題を意識せず変化への欲求もない段階から、問題の形成に責任と役割を感ずる段階へ。 |
| 関係の仕方 | 他人との密接な関係は危険なものという段階から、瞬時的な体験過程に基づいて自由で開放的な関係に生きることができる段階。 |

などが備わり，新しい体験にも開かれ，パーソナリティの変化が生じたと言えるのである。

　体験過程スケールの研究は日本でも行われているが，カウンセリングの変化を7つのストランズから公式化することによって，これまでできなかった治療過程を定点的に測定可能になったことは評価できるであろう。

　注意しておかなければならないことは，体験過程が高レベルへと変化する際に，クライエントは激しい情緒的過程を通る場合があることである。つまり，体験過程が進展するということは，これまでの価値観や態度，自己概念を変化させることであるから，長年にわたる慣れたパターンを壊さなければならないということである。ときには病的な状態に陥ることもあり得る。いずれにせよ，知的にカウンセリング過程が進展するものではないから，激しい情緒や混乱を支えてくれるカウンセラーの存在があって可能になる世界である。また，カウンセラーも自らの世界を壊さずに，かつ傍観者ではなく，さまざまな感情体験をしているのである。カウンセリングはよく非日常的な関係であるとか，カウンセラーはスーパーヴィジョンを受けて訓練しなければならないとされるのは，いま指摘したことと関連するのである。なお，精神分析療法では，このような際にクライエントに生ずる経験を治療抵抗，防衛，転移・逆転移という視点で説明をしていて，クライエント中心療法よりも治療関係のさまざまな現象に関する検討がされている。その違いの1つは精神分析療法の方が医療に関わるような重い心の問題を抱えるクライエントが多いからとも考えられる。しかし，一見，適応上の問題で病ではないクライエントであるといっても，カウンセリング中に危機的な現象が生ずることもあるので，専門家としては訓練を受けてカウンセリングを行わなければならない。

最後に，この体験過程から心理療法を展開させたジェンドリン，E.T.について触れておきたい。ジェンドリンは体験過程中に生ずる激しい情動と抑圧についても論じた人であるが，心理療法にフォーカシング（焦点付け）という方法を開発した人でもある。詳しい方法をここで紹介することはできないが，概念的にはっきりしないが身体に感じられるある感覚（フェルト・センス）に焦点を当て，そこに感じられるイメージや連想を進めていくと，何であるかがはっきりして，体験様式に変化が感じ取れると考えた。さらに，次のステップへと進むというものである。実感できる身体感覚と心理的世界を結ぶものとして新しい治療理論と言えるものである。

〔引用文献・参考文献〕
伊東　博（1964）『カウンセリングの過程（カウンセリング論集3）』（誠信書房）
佐治守夫（1966）『カウンセリング入門』（国土社）
鑪　幹八郎（1976）『試行カウンセリング』（誠信書房）
田畑　治（1982）『カウンセリング実習入門』（新曜社）
中西信男，那須光章，古市祐一，佐方哲彦（1983）『カウンセリングの進め方』（有斐閣）

ビデオ　『グロリアと3人のセラピスト』
　　1巻　来談者中心療法　カール・ロジャーズ
　　2巻　ゲシュタルト療法　フレデリック・パールズ
　　3巻　論理（情動）療法　アルバート・エリス
　　監修・翻訳：佐治守夫，平木典子，都留春夫（1980）（日本精神技術研究所）
ビデオ　『フォーカシング』監修・指導：村瀬孝雄（創元社）

# 10. カウンセリングの実際(3)

　この章では，カウンセリングを実践的に進める際に，カウンセラーが理解しておくべきクライエントの世界，クライエントへの反応の仕方，カウンセリング中に生じる特徴的な現象について考えることにする。

## 1. クライエントの言葉の世界

　クライエントが語る内容に対して，カウンセラーは積極的に傾聴することが強調される。これは何よりも大切なことではあるが，語られる内容（態度など非言語的なものも含む）は理路整然としているわけではないし，漠然としていて理解しにくいこともたくさんある。鑪（1976）はクライエントの語る内容には3つの世界が包含されていると述べている。図10-1に示したように，心理的世界，事実（事柄）の世界，この両者が重なり合った世界である。

　①の心理的世界は，事実と関係があろうとなかろうと，クライエントが気持ちや空想や願望などを話す次元である。他人には納得できなくとも，クライエントには実感を伴って感じているものであって，内的リアリティ

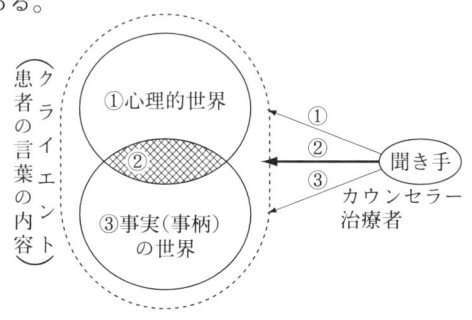

（鑪　幹八郎『試行カウンセリング』誠信書房，1976）
**図10-1　被面接者の言葉の世界**

というような呼び方もされる領域である。これに対して、③の世界は、事実や事柄の世界であって、実際に起きた行動を他人が側にいれば述べることができるようなことである。この２つの世界は、相対する全く違う世界のように一般には考えられるかもしれないが、実はいろいろ絡みあっていて、カウンセリングを行う際にはこの絡み方に心を開いておくことが、カウンセラーにとっては大切になるのである。９章で述べたカウンセラーの応答も、この３つの世界を思いながら受け止めて返すことになると言ってよい。

## 2. カウンセリングの進め方の実際

　実際のカウンセリング場面における、開始直後の一部を紹介しよう。このクライエントはリストカット、意欲の低下、やせ願望などを訴えている女性である。暗い表情で、うつむき加減にバッグを肩に掛けたままで椅子に腰掛け、落ち着かなそうな印象であった。
「昨日は何もやりたくなくて、家事もしないで、手に傷をつけたくてやってしまった。主人には私のような人間と結婚してすごく迷惑をかけている。私と結婚しなければ、もっと幸せになったのではないかと思う。そう言うと、主人は、もう慣れているからと言う。母親には隠している。話すと何が原因なのかと問いつめられる。自分の身体を大事にしないとか、私（母）が原因なのかと言われる。私はわかってもらいたいだけなのです。友達も夫もみんないい人だとわかっているけど、話すと助言もしてくれるけど、そうできないから自分は駄目で、生きている価値がないと思ったりする」
　これは１分足らずの陳述である。先に述べた３つの世界で考えると、リストカットと母に話さないという以外は、ほとんどが心理的世界の話である。いつのこととか、どのような具体的な体験があったのかはよく

わからない。それでも，この中のどの部分にカウンセラーが対応するかは，カウンセラーによってずいぶん異なると思われる。例えば，イ）今日のカウンセリングを受ける感想，ロ）リストカットまでの具体的な行動の説明を求める，ハ）リストカット前後の感情の変化，ニ）母との関係ややりとりの具体例を聞く，ホ）夫について，ヘ）わかってもらう努力はしているのか，ト）わかってもらえないのはカウンセラーもか，など，他にもまだあるであろう。このように考えると，カウンセラーがどこにどのように反応するかは，クライエントが語る方向に影響を与えることになる。したがって，カウンセラーにはクライエントの全体のアセスメントが必要で，全くの白紙でカウンセリングを進めるわけではないのである。カウンセラーの先走りや思い込みで動くことはクライエントを尊重してはいないし，役にも立たないということになるであろう。したがって，訓練の問題がここでも出てくるのである。

## 3. カウンセラーが出会う困難なこと

### ①クライエントの受身的態度

病院に行って病気を治してもらうという意識は，カウンセリングにおいても，悩みや精神的苦痛を除いてもらうという受身的態度を生じさせやすい。この受身的態度はカウンセリング関係に微妙に働く。質問されているときには話していたクライエントが，「自由に話したいところからお話しください」と言われても戸惑うばかりで，何を話してよいかわからないと言う。面接の初期には，クライエントが話しやすいようにカウンセラーは配慮する方がよい。すでにインテーク面接がなされていれば，クライエントの当面の問題に焦点を当てながら，明確化によって進める。たいていはカウンセリング場面に慣れれば，自分から自由に語り始める。ただ，中には沈黙しがちで，自発的に語ることができないクラ

イエントもおり，この場合には受身性そのものがクライエントの問題であり，予想したよりも重い病理を持っていることがある。

②**沈黙**

　日常的な会話では沈黙をしないようにしている。沈黙の居心地の悪さをお互いに感じているからであろう。カウンセリングでは沈黙はしばしば生じてくる。この沈黙にどう対応するか，経験の浅いカウンセラーにとってはとても気になる現象と言える。何とかしようとして，カウンセリング関係がぎくしゃくしてしまう場合もある。

　沈黙には大きく分けて3種類ある。1つは，はじめに触れたようなカウンセリング関係が始まったばかりで，クライエントがどう話してよいか戸惑ったり，質問されたら話すと思い込んでいる場合である。2つめは，カウンセリングが何回か進んでから，黙ることが多くなる場合である。予約時間に遅れたり，身体をもじもじさせて落ち着きがなかったり，クライエントがどこか上の空のような感じをカウンセラーが受ける。自ら相談にきたクライエントではあるが，これまでの生き方を変えることはなかなか難しい。精神分析ではこれを「抵抗」として取り上げなければならない現象である。治療の中断が起こることもある。クライエントがカウンセリングに対してどう思っているか，カウンセラーに対してどう思っているかなど「いま，ここ」での技法を使って進めることもある。また，クライエントはカウンセリングに過度な期待を抱いていて，それが裏切られ，カウンセリングへの動機が失われることもある。カウンセラーはこれまでの流れから，どういうことがクライエントに起きているのかを考えなければならない。3つめの沈黙は，深い内的な体験である。カウンセリング関係も深まり，クライエントはありのままの自分をしみじみと受け止めている体験である。カウンセラーが尊重しなければならない沈黙である。

先ほど述べた受身的態度からくる沈黙をここに入れるとすれば，パーソナリティの問題として受身性そのものに焦点を当てなければならない。
③質問
　カウンセリングでは傾聴することがいちばんだと思っていると，質問を向けられてたじろぎ，困ってしまうことがある。質問にどう対応するかは，瞬時の判断で行われるわけであるが，経験のあるカウンセラーでも困惑することがある。鑪は質問とその意図について解説し，表10－1（次頁）に示したように，カウンセラーの反応についても例示している。このような質問の中にクライエントの特徴がよく現れているように見受けられる。
　質問で困るものの中に，カウンセラーの年齢，結婚しているかどうか，出身学校名，家族，カウンセラーになった動機などなど，カウンセラーの個人的なことを質問するクライエントがいることである。うらやましがられたり，ほめられたりすることはカウンセラーとしてはいたたまれない。
　こういう質問もカウンセリング関係のはじめの頃に見られる。日常的会話では，個人的質問があっても奇異ではないが，カウンセリングで生じた場合は，クライエントが何をメッセージしているのかを考える必要がある。心許ないカウンセラーと感じているのかもしれないし，競争相手と見ているのかもしれないし，さまざまであろう。あっさりと答える中で対人関係上のパターンを取り上げるか，あるいは何らかの挫折体験を取り上げるか，展開はカウンセラーの進め方にかかってくる。
④死にたいと訴える
　カウンセラーの緊張感が高まるのは，クライエントが死にたいと訴えるときである。実際に自殺を試みた過去があったり，また現に死しかないと言われると，カウンセラーの緊張と不安は強くなる。こういう場面

表10-1　質問の意図の水準と反応

「どういうことでしょうか」
「──なんですかね」
「カウンセラーはどう思いますか」

| 質問の内容 | 意図の領域 | 可能なカウンセラーの反応 |
|---|---|---|
| 「私はわかりませんから教えて下さい」 | 情報の欠如 | 「──ということがあります」「研究では──となっていますが、如何思いますか」 |
| 「私は──なことではないかと思いますけど」 | 自己探求　問題を深める　洞察へ | 「なるほどね──と思われるのですね」 |
| 「いろいろな意見があって迷ってしまいます」 | 自己不明確　探索欲求 | 「──だから──ということなんですね」「いろいろの考えがあって、どれが本当なのかわからなくなってしまう」 |
| 「私はいろいろよく知っているでしょう」 | 自己顕示　依存欲求 | 「ほんとうによくご存知ですね」「いろいろと勉強なさるのですね」 |
| 「先生は全然わかっていませんね」 | 権威、権力の否定、依存 | 「わかり方がにぶいですか」「専門的なこともご存知なんですね」 |
| 「周囲の人も、無理な人ばかりですよ、わかりますか」 | 自己顕示　自尊心の揺れ | 「周囲の人が頼りない、もの足りないんですね」「ほんとうにお詳しいですね」 |

（鑪　幹八郎『試行カウンセリング』誠信書房，1976）

に出会うと，カウンセラーは正しい方法や技法がないという現実を実感する。絶対に死なないでほしいと願い，次回まで死なないという約束をすることもある。あるいは，本当に死ななければならない状況なのかを，とことん話し合うこともある。また，死の具体的方法，死のイメージ，死によって悲しむ人は誰か，などを語り続けるときもある。死への具体的理由がなく，生きていること自体が悪であったり，生きる意味がないという場合には，クライエントにもカウンセラーにも先が見えない。

　死の具体的方法，死への強い観念，そればかりを考えることで日常生活ができない状態では，精神科医につなぐ話し合いがされたり，家族との連絡をとらなければならない。家系的にうつ病家系で自殺者が多く出ているときには注意が必要である。こういう情報があるかないかでカウンセラーの判断が異なるので，アセスメント面接は重要である。いずれにせよ，このテーマはカウンセリングの経験があろうとなかろうと，カウンセラーにとって厳しい事態である。

⑤同じことを言い続ける

　身体的苦痛，強迫行為や観念，恐怖感だけをクライエントは必死に訴え続けることがある。このようなことにより，対人関係上の悩みや諸々の感情にふれることを避けている感さえある。こういう場合に，共感的支持や明確化などの技法だけでは功を奏さない。周囲の人たちは訴え続けるクライエントにどんな気持ちを抱くか，カウンセラーも容易に想像できる。精神科薬が投与されることが多く，カウンセラーには薬物の知識も最低限は必要になる。カウンセラーは毎回同じことを訴え続けられるので，無力感におそわれ，逆転移が生じる。この気持ちに気がついていないと，クライエントを悪化させることにもなる。技法としては難しい面があるが，焦点化や直面化を注意深く行い，同時に共感的な支持も必要である。

⑥ほめられたり，攻撃される場合

　前にも少し触れたが，ほめられることは居心地が悪いし，攻撃されるのはこれまた一層きつい。特に，境界人格障害と言われるようなクライエントは，マスターソンが指摘したように「見捨てられ不安」によって引き起こされて怒る場合がある。面接場面で攻撃感情が表明されなければ，行動化という面接外のところで危険なことをする。内界に入り込むような解釈や直面化は，いたずらに混乱を招く場合がある。病態を見極めるセンスが求められる。

　また，うそをついたり，隠し事をしている場合もカウンセラーは不快である。こういうときには，カウンセリングの意味をクライエントと一緒に考えなければならないであろう。

⑦プレゼントをされるとき

　プレゼントは手作りの衣類，お菓子から商品券や現金などさまざまである。クライエントの親からお菓子の差し入れや，クライエント自身が旅行したときのおみやげなどもある。公的機関で料金を取らないカウンセリングにはあまりプレゼントはされないが，医療領域では以前ほどではなくなったがプレゼントはある。プレゼントもカウンセリングの継続中か，終了時かによっても意味合いが異なるであろう。心遣いがうれしい品物で，クライエントの前で開いてその品物について話し合って受け取ることが多いが，こうはいかないときがある。微妙にカウンセリング関係は影響される。

⑧カウンセリングの終わり方

　カウンセリングの始め方については，これまでのところで述べられているので，終わり方について触れておきたい。クライエントは悩みが完全に解決されなくても解決の道すじが見えたり，悩みながら生きていく覚悟が決まればカウンセリングを終えることができる。こういう終わり

方がむしろ自然であろう。
　カウンセリングを途中でやめていく人もいる。いわゆる中断事例であるが，これもカウンセラーにとって苦しい体験になる。自信を失ったり，自尊心が傷ついたりする。クライエントともう一度話し合ったり，手紙を書いたりする。中断を怖れてカウンセラーが遠慮をしてしまうこともある。これではクライエントの援助にはならないのであって，カウンセラーは中断を引き受けなければならないときもあろう。
　だんだん面接回数を減らしながら終えていく人もいる。クライエントもカウンセラーも，関係の終わりは問題を残しながら終わることを引き受けなければならない。カウンセリングで何がなされたのかを整理したり話し合われて終えられれば，双方にとっていちばんよいように思われる。

〔参考文献〕
佐治守夫（1966）『カウンセリング入門』（国土社）
鑪　幹八郎（1976）『試行カウンセリング』（誠信書房）
田畑　治（1982）『カウンセリング実習入門』（新曜社）
中西信夫・那須光章・古市裕一・佐方哲彦（1983）『カウンセリングの進め方』（新書，有斐閣）
丸田俊彦（1986）『サイコセラピー練習帳』（岩崎学術出版社）
河合隼雄（1989）「技法論」河合隼雄・水島恵一・村瀬孝雄編『臨床心理学大系 9　心理療法 3』（金子書房）
イーガン,G., 福井康之・飯田栄訳（1992）『カウンセリング・ワークブック』（創元社）
東山紘久（2000）『プロカウンセラーの聞く技術』（創元社）

# 11 カウンセリングの理論(1)

　カウンセリングを行う際に，クライエントのパーソナリティ理論を知っておくとクライエント理解が進みやすいことは言うまでもない。心理療法やカウンセリングを行ってきた先達たちの中で，パーソナリティ理論を多く述べているのはフロイトであった。彼の理論を中心に，ユングおよびロジャーズのパーソナリティ理論について述べることにする。

## 1. フロイトのパーソナリティ理論

①意識・前意識・無意識

　フロイトは精神分析を行う中で，比較的初期の頃から，人格には3つの層があると主張した。図11-1に示したように，意識，前意識，無意識である。意識とは，自分で気がついている感情や考えや葛藤や価値観などであり，これに対して，無意識とは，自覚できない層にある感情や考えや過去の体験記憶などの心の状態である。無意識には自我によって意識から排除された心的内容もある。無意識は意識することができないが，人間の行動に影響を与えるものと考えられている。意識と無意識の接点にあって，普通は自覚されていないけれども，意識しようと思えば自覚できるような感情や考えや心の状態を前意識と言う。意識と前意識のあいだ，前意識と無意識のあいだは，はっきりと区別されているわけでは

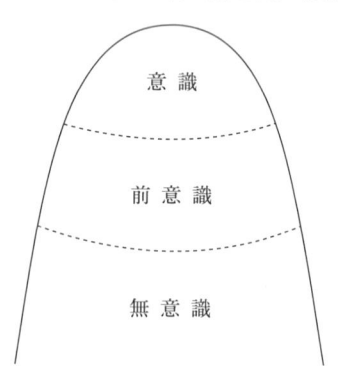

図11-1　人格の三層

なくて、ある程度は流動的であいまいである。

②**自我・エス・超自我**

フロイトは人格には異なった働きをする、自我とエスと超自我があると提案した（図11-2）。

自我は、自己感覚、自己意識とも呼ばれ、「私は……である」と言葉にできるものである。自我には自分を調節する機能があって、以下のような機能を備えている。

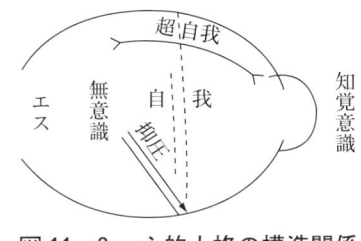

**図11-2　心的人格の構造関係**

- **現実機能**：外的状況を認識し、判断し、理解するといった現実検討の機能、および外的出来事と内的なこととを区別する自我境界を形成する機能。
- **適応機能**：外的状況に自分を適合させていく機能、および外的状況を自分にとって望ましい状況に変えていく機能。
- **防衛機能**：自分の内面を調整し、内的葛藤を解決し、安定した状態をつくり、維持する機能。
- **対象関係機能**：自己表象、対象表象などの内的表象を形成し維持して、対人関係に反映していく機能。
- **自律的機能**：適応や防衛のための葛藤に巻き込まれていない自我の機能で、新しい環境や物事への興味、知識、技能の向上などの成長に寄与する機能。
- **統合機能**：自己を統合し、アイデンティティを維持する機能。

以上の機能によって、対外的、対内的に自己を調整して安定させているのが自我の役割である。したがって、自我が未熟であったり、働き方が偏っていたりすることが自己不全状態をもたらすと考えられる。このようなことはカウンセリングにも関係してくるので、どのような自我の

状態かをカウンセラーはアセスメントをしなければならないのである。

さらに自我の適応機能や防衛機能には、さまざまな働き方のパターンがあって、これを防衛機制と呼んでいる。健常人や神経症圏の人たちに現れるのは、抑圧、否認、知性化、反動形成、やり直し、同一化、投影などであり、より低次の自我状態が示すパターンには、原始的防衛と呼ばれるような分裂、原始的投影、投影同一化、取り入れなどがある。

エスは、無制限の欲動や衝動（性的なエネルギー、攻撃的破壊的エネルギー）を示すもので、それらは生物的な背景を持ち、混沌として沸き立つ興奮（フロイト）と呼ぶべき内容である。エスはその一部が自我や超自我となって分化していくものであるが、誕生時から存在している。中でもフロイトの言うリビドー（性衝動）は有名である。特に性に関連する内容は抑圧により、かつては自我にあったが、エスの領域に追いやられたものも含んでいる。エスの特徴は直接的で満足を求め、待つことをしないので、これを快感原則と呼ぶ。しかし、快感原則では社会で他者との共同生活を送ることができないので、しつけなどによって社会化されて、自我や超自我が成長するのである。つまり、現実原則を身につけるわけである。超自我は、内面で自分を監視し、禁止や命令を下す働きをする。倫理観や理想的自我を、あるいは罪悪感、自尊感情なども超自我の働きである。超自我のある部分は意識できるが、ある部分は意識できない領域にかかっている。

### ③フロイトの無意識

フロイトの無意識とは、意識したくないものが抑圧され、意識から排除された混沌とした心的内容である。心理療法やカウンセリングによってなされる不適応や症状の改善には、その原因となった体験を無意識から意識化することとされた。ここで、パーソナリティと呼ぶ場合に、ある特定の決まった傾向や特性、平均的人格というようなことではなくて、

あくまでも個人の体験とそこからくる行動の特徴や症状の解明を目指すことに主眼がおかれるので，この意味で内的人格と呼ばれる。この人格は固定的ではなく，経験や治療により変化が可能なのである。

## 2. ユングのパーソナリティ理論

　ユングはフロイトと同様に無意識の世界の重要性を認めているが，ユングの考える意識・無意識の構造は図11-3・4に示したように，まず無意識を個人的無意識と普遍的無意識の2つに分けており，フロイトの無意識の概念とは異なっている。個人的無意識とは，個人の独自の生活史から成り立ち，それを意識化できないものであるとし，普遍的無意識とは，文化的無意識とも呼ばれ，個人の生活史を越えた無意識が存在するとした。例えば，神話や昔話が地球上で全く関連がないと言える地域で共通する部分があったり，統合失調症の夢などから，この概念を提唱したのであった。ユングは集団的無意識の中に人類に共通してあるイメージのもとになるものを元型と呼んだのである。さらに彼は自我と自己の概念について触れ，自我は心と体の両面に関わるもので，自己という場合には体と心が分かちがたく存在している中心にあるとした。つ

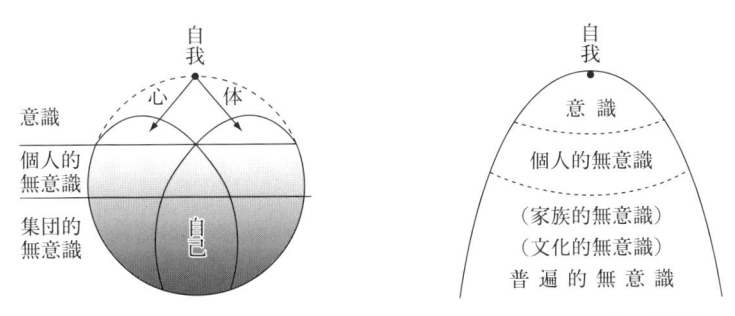

図11-3　心身の構造（自我より見た）　　　図11-4　心の構造
（河合隼雄著作集　第Ⅱ期『コンプレックスと人間』岩波書店，2001）

まり，自己は人間全体の中心であって，それは直接意識できないのである。

フロイトは自我を重要視し，自我による適応や行動のコントロールをするものであることを強調したのに対して，ユングは自我よりもむしろ自己を追求した人であった。自己は集団的無意識の中に存在するものと言うことができる。無意識は単に意識から排除された心的内容ではなくて，そこには創造性や再生への力があると考えた。そして，人間があまりに意識だけに集中すると，体や心にある種の歪みが生じるとした。

さらにユングの言う内向―外向は有名であるが，これは基本的態度に基づくもので，この態度と4つの類型を結びつけて人格理論を提唱している。内向性とは，閉じこもりがちで，慣れない人や場面が苦手で，少数の親しい人との関わりを好み，慣れた環境で力を発揮する傾向がある。深い感受性や思考力，内面の豊かな人と言われる。外向性とは，開放的で社交的，浅く広く多くの人と交流することを好み，はじめての場面でも積極的に自己表現する。しかし，月並みな発想の持ち主とされる。

類型論は図11-5に示した。思考と感情は取り入れた情報について判断し理解し評価する合理的な機能であり（合理機能），感覚と直観は外界からの情報を取り入れる機能（非合理機能）である。例えば，この4つの類型は思考が発達し，意識の中心にあれば，それは主機能であり，対人関係や物事の対処には思考機能が優勢となる。この場合には，感情はより無意識化しているため劣等機能という。この両者はそれぞれ意識と無意識にあって相補的関係にあるというのである。感情機能が優勢

図11-5　人格のタイプ論

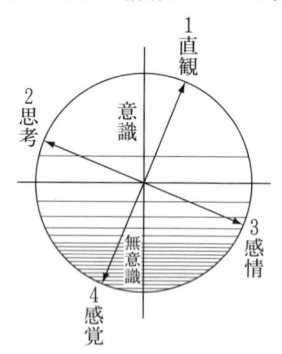

であれば，思考は劣等機能ということになる。情報の取り入れ方では，直感機能が優勢であれば，感覚機能は劣等機能となる。男性は仕事など社会で働くこともあってか主機能を発達させているが，女性は鋭さよりも柔らかさが期待されるために，主機能がはっきり発達しない傾向があると，河合は述べている。なお，思考にも外向的思考と内向的思考という区別ができる。

## 3. ロジャーズのパーソナリティ理論

ロジャーズと彼の共同研究者たちは体験過程という視点で，パーソナリティ理論を述べている（第9章参照）。ロジャーズのパーソナリティ理論を一言で言えば，自己理論と言うことができる。ロジャーズの言う自己とは，「①個人は自分が中心であって，絶え間なく変化している経験の中に存在している。②有機体は1つの基本的な傾向を持ち，有機体は経験していることを実現し，維持し，強化する」と述べている。この場合の有機体とは人間と言ってもよいであろうが，自己実現に向かう傾向とは個人の経験と自己構造の変化ということになる。次に経験と自己構造の関係を見ることにする。

図11-6に示したように，クライエントは自己構造と経験との重なりが少ない状態で，やがてその重なりが多くなるとパーソナリティの変化が生じたと考えるのである。具体的に述べると，Ⅰ領域のbを，例えば「夫といるときにいらいらして嫌なのです」ということが起きていた。彼女は実際に夫から嫌な仕打ちを受けることはあった。このことを彼女は意識することができていた。Ⅱの領域では彼女の自己構造は，経験に即しておらず，感情的にも観念的にも夫とは自分は合わないと決めつけていた（a）。それは体験と照合されたものではなくて，自分で決めているということになる。このような考え方をする背景に，両親の険悪な関

係があって，母からは男性を信じてはいけないという考え方が強くすり込まれていたと考えられた。一方，Ⅲの経験では確かに夫から嫌な仕打ちを受けるが，給料を全額渡したり，時々ふざけたり，結婚記念日を覚えていてくれたりというようなことがあるにもかかわらず，そういった経験を意識に上らせることはなかった（c）。このような自己構造と異なる経験をしていても，経験を否認したり否定したりする限りにおいては変化が望めないわけである。次第に自分に気づき，経験を受け入れていくと，夫は嫌なときもあるけど冷たい悪人ではなく，気の優しい面もあることを経験に添って意識することができるようになる。そうすると，図11-6第2図のような重なりが大きくなって自己概念が一致すると理解されるのである。精神分析のように無意識を意識化するという働きかけよりも，経験と自己構造を重ねるということがカウンセリングの目標になるのである。ロジャーズは無意識の世界を重要に考えていない立場と言えよう。

　以上3人のパーソナリティ理論を述べたが，いずれもある型に当てはめることが重要なのではなくて，カウンセリングをする際に，カウンセラーがクライエントを理解する枠組みになると言うことができる。

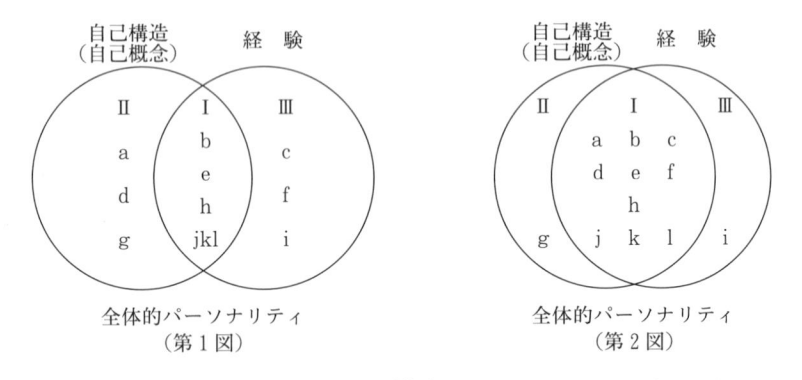

図11-6　パーソナリティの構造（ロジャーズ，1957年より）

〔参考文献〕

ロジャーズ,C.R.（1957）『パーソナリティの構造』（岩崎学術出版社）
河合隼雄（1967）『ユング心理学入門』（培風館）
前田重治（1985）『図説精神分析学』（誠信書房）
河合隼雄（2001）『コンプレックスと人間』（岩波書店）
馬場禮子（2001）「カウンセリングの理論(1)」 馬場謙一・橘玲子『カウンセリング概説』（放送大学教育振興会）

# 12.

## カウンセリングの理論(2)
―認知行動療法その他解決志向アプローチ―

　この章では，認知行動療法（行動療法，認知療法，応用行動分析法などを含む），および問題解決を強く志向するアプローチ（ブリーフセラピー）が紹介される。これらに共通することは，心の不健康状態や人間関係の問題を，そこに関わっている人の心の深層，人格など，深い抽象的レベルにまで関わることなく，具体的な困難や問題の解消や良き変容を目指している点である。

### 1. 恐怖や不安，回避行動の変容のための行動療法

　恐怖症は，古くからわれわれ人間が付き合ってきた心の不調である。しかし，恐怖や不安そのものは，適応的な反応である。

　今まさにこちらを攻撃しようとしている毒蛇が目の前にいたら，たいていの人は，頭がパニック状態となり，足がすくんでしまわなければ，一目散に逃げることであろう。このように，実際に危険に直面した際の「逃げ」は逃避と呼ばれる。他方，直接には毒蛇を目撃していないものの，何らかの兆候（例えば，蛇の脱皮のあと）だけで避けるという「逃げ」の反応は，回避と呼ばれる。いずれにせよ，この例のような，逃げて当たり前の場合は，心理的な不調とか問題行動にはあたらない。

　ところが，毒蛇どころか，いかなる危険な生き物がまず存在しないような街中の公園，ちょっとした草むら，歩道わきの芝生や立木などを恐れ，歩けない，近づくことができない，ということになると，恐怖症という心の不調，問題行動と判断される。人の恐怖症はおおよそ，小動物

型，高所や閉所などの状況型，人そのものや人の視線あるいは聴衆の前などを避けようとする対人場面型，そして，怪我や病気，感染など傷害・疾患型に分類される。

　恐怖症の他にも，回避が症状となる心のトラブルは多い。ある場所で急に胸が苦しくなることを経験したために，外出ができにくくなるような問題は，「広場恐怖をともなうパニック障害」と診断される。人前にさらされる経験を徹底して避けることが多いのが「対人（社会）恐怖」である。漠然とした不快な感じを払いのけるために，手洗い，確認行為，動作の繰り返しなどをやめられずにいる「強迫性障害（特に強迫行為）」にも回避が含まれる。PTSD（外傷後ストレス障害）においても，もはや安全の確保が十分確認されているにもかかわらず，受けたトラウマに関連する場面，刺激を回避してしまうことが，社会適応を大きく阻害する。摂食障害の人に多く見られる，食べては吐く行為は，胃に入れた大量の食べ物が吸収されてしまうことを恐れるための回避行為である。

　行動療法における恐怖症の捉え方の基本は，以下の通りである。「人が，ある対象を怖がり避けるようになるのは，いわば，1つの『学習の結果（習慣）』である。それならば，あらためて別の経験を通して『学習し直す』ことによって習慣は変容されるだろう。つまり，『新たに適応的な振る舞いの習慣』を身につけることができれば，クライエントは症状から解放される」というわけである。

　回避行動が繰り返されるうちは，もともとの恐怖心は変容されずにいつまでも保存される。飛行機に乗ることが怖くて避けている人は，実際に飛行機に乗るという経験を何度か持たないうちは，恐怖は維持される。一度でも乗ればたちどころに恐怖が解消されるとは限らないが，一度も乗らずに恐怖心を根底から克服するのは不可能である。一度も乗らずに，例えば説得されることでいくらか安心できたとしても，実際に乗ろうと

する段階では，相当の恐怖に襲われる。人間はきわめて知的な生き物であるが，回避をともなうほどの恐怖という原始的な感情については，実際の体験による焼き直しが行われないと解消されない。

　何らかの方法で，怖い気持ちを中和させながら，一定の回数，怖い飛行機に我慢して乗ってみると，徐々に怖い気持ちがやわらぎ，もはや回避行動を取らずにすむようになってくる。ただし，あまり期間を開けすぎると元の怖さが再発しやすくなるので，ある程度回避せずにすむ経験を継続する必要がある。逆に，あれこれと理屈を並べて飛行機に乗ることを避ける人は，一生を飛行機嫌いで過ごすことになるだろう。

　この「さらし」の原理を応用した技術は，暴露法（exposure）と呼ばれる。行動療法による恐怖・不安および回避行動の変容は，究極のところ，この「さらし」をきわめて臨床的・実践的に，つまりクライエントの利益につながりやすいように展開するための工夫である。

　暴露には，段階的な暴露と集中的な暴露がある。前者の代表的技法は，ウオルピ（Wolpe, J.）による系統的脱感作法であり，その他，継時近接法，参加モデリング法などがある。系統的脱感作法では，「不安と相容れない，不安と拮抗し不安を抑える反応」として，リラクセーション反応が用いられる。

　リラクセーションは，単独でも，不安（恐怖よりもおだやかで漠然とした情緒）や緊張（筋の余分な緊張など身体的な反応をともなう）を安定させるために有効である。系統的脱感作法では，このリラクセーションを段階的暴露と組み合わせ，恐怖や不安の程度のごく低い項目から暴露を進めていく。暴露は，イメージで想起される場合もあれば，実際の恐怖喚起刺激や場面で練習（現実脱感作法：in vivo）されることもある。

　実際の場面を使う暴露法として，継時近接法（successive approximation）と参加モデリング法がある。これらはいずれも，怖い刺激・

場面に，実際の活動を通して徐々に暴露と接近を進めていく方法である。

継時近接法は，しばしば不登校など場面回避的な問題に用いられる。可能な状況の限界まで接近し，そこで不安がいくらか治まるのを確認し，さらに接近を繰り返す。接近行動だけでなく，接近して生じる不安を緩和する対処行動の形成訓練ともとれるが，手続き的には，暴露法の一種と考える方がわかりやすいであろう。

参加モデリング法は，先に目の前でモデル行動が発揮されるのを観察し，徐々に同じ行動を取れるように進めていく，つまり，目の前のモデルと同じ動作をいっしょに取る方法である。

子どもが新しい場所，人，物に慣れるまでには，必ず徐々に安心して実行できる人（親やきょうだい，友人）といっしょに，後からついて行く時期がある。万国共通に，サルをはじめ多くの哺乳類動物の間にさえ認められる光景である。そのような普遍的な原理を，柔軟に応用していると考えてよい。

これらの方法に関しては，一定以上の強い恐怖・不安には効果が発揮されないのではないかと指摘されることがある。しかし，ある対象に対する軽い恐怖・不安が先に十分に低下すると，それよりも強い恐怖を引き起こしていた場面や刺激は，もはや軽い恐怖・不安しか引き出さないようになっていることが多い。

例えば，他の児童がいない校門にさえ近づけなかった子が，何とか校門で担任教師と会うことができるようになったとする。すると，それよりも脅威度の高い「児童玄関に入ること」に対する恐怖の評定は，いくらか下がっていることが多い。

集中的暴露においては，不安と拮抗させるような方法はあまり用いず，むしろクライエントが耐え得る最大級の恐怖に，一定時間持続的にさらすようにする。暴露する時間の長さは，一般に60分前後である。でき

れば現実の刺激・場面を用いる。また，回避行動があればそれを妨害する手段が取られる。これらは，まとめて暴露反応妨害法と呼ばれる。例を挙げると，手洗いの強迫行為に悩むクライエントに対して，汚れた状態で数十分間以上手洗いができない状態におく，という手続きである。暴露反応妨害法は，回避行動が困難の中核にある不安障害において，現在のところ最も強力な心理的援助であるとの評価を受けている。

　結局のところ，「上手に，慣らしていく」ことが必要で，そのために，いろいろな配慮が必要になる。回避行動そのものが恐怖や不安を持続させていること，回避行動を取らないことが生活の質を高めるために重要であることを，丁寧に説明することが要求される。この技法への導入をスムーズに行うため，薬物療法（抗不安剤）の併用もよく行われる。逆に言えば，抗不安剤による恐怖・不安の治療効果は，不安がある程度治まったところで回避をせずに生活できるようになることによる効果とも考えられる。

## 2. うつや落ち込みやすさに対する認知理論・認知療法

　先に解説した行動療法が情動の「癖」の変容であるとすれば，認知療法は，考え方の「癖」を改善するための方法である。落ち込みやすい人，いつも落ち込んでいる人は，「自分はダメだ」とか「どうせ，この世はひどいことばかりだ」，あるいは「将来，何も良いことはないだろう」というような，否定的な考え方が支配的になっている。

　うつ状態になるから，そのように考えてしまうのか，そのように考えてしまうからうつ状態になるのかは，まだよくわかっていない。しかし，はっきりしていることは，否定的な考え方がさらに気分を落ち込ませるという，悪循環が働いていることであり，そのような考え方のくせを徐々

に改善できれば，気分としてのうつも回復しやすくなる，ということである。

　カウンセラーを志す人は，問題のはっきりした因果関係がわからなくとも，現在起こっている悪循環を整理することで改善が得られることはしばしばあるという常識に，もっと目を向けるべきである。

　もともとの個人差として，あるいはライフサイクル上のさまざまな段階において，否定的な考え方になりやすい傾向・時期は確かに存在するようである。そのような傾向を「癖」として対象化して捉えることができるまで訓練する。その結果，「あれ，またマイナス思考のくせが強くなっているぞ，こういう時は，このように対処すればいいのさ」というような，思考の自己調整法を身に付けられれば，うつと適応的に付き合っていくことができる。それを支えるのが，認知療法である。

　認知療法は，ベック（Beck, A.T.）が考案した方法である。これと似た方法に，エリス（Ellis, A.）が考案した合理情動（行動）療法がある。それぞれの具体的な方法の違い，理論的説明の違いについて，ここでは詳しく触れない。ただし，いずれも心配する必要もないこと，心配してもその心配が実質的な効果をもたらさないことを，あれこれ思い悩んで，気分を落ち込ませがちな人の援助としてきわめて効果的である。

　筆者の印象としては，独特の繊細さを持つ日本人には認知療法の方が，よりマッチしているようである。しかし，エリスの方法も，患者の特性に応じてより柔軟に進めることが可能なので，両者の間に決定的な違いはないようである。

　いずれにせよ最近では，これらの方法が理屈に合わない恐怖や不安，不適切な怒りや悲しみ，世の中に対する敵意などの問題にも便利であることが確認されている。

　人には，偏ってものごとを理解してしまう枠組み（スキーマ）あるい

は信念体系のようなものがある。例えば，「世の中には自分たちのささやかな生活を脅かすような良くない人がたくさんいるので，常に警戒して生活しなければならない」というような基本的な思い込みがある人は，一日の大半を，危機に備え，人を疑い，警戒しながら送ることになる。そのような人はたいてい，人間関係も広がらず，周囲から「付き合いにくい」と思われ，ますます孤立したりする。このような悪循環が思考の「癖」によって維持されているわけである。

　世の中には，人をだましたり，脅したりする人が存在するのは確かである。だから，まったく理屈に合わない心配だとは言えない。しかし，上記のような思い込みがあると，生活そのものを楽しむことができなくなってしまう。「世の中は善人ばかり」，「人はみんな自分のことを愛している」，「何をやってもうまくいく」などという，きわめて楽天的な思考の持ち主になる必要はないし，ベックやエリスの方法は，そのように思い込むことを強制したり，奨励したりしているわけではない。単に，生活を不便にしている思い込み，考え方の偏りを具体的に，部分的にでも改善できるのであれば，生活の質を高めることができるだろうというわけである。

## 3. 生活上問題となる行為を改善するための行動変容法

　行動変容法（応用行動分析法）も行動療法の1つである。上述の1・2節で解説した方法と合わせて，認知行動療法と呼ばれることもある。具体的な行為（振る舞い）の変容が中心となる。オペラント条件付けの考え方を応用する理論であり，スキナー（Skinner, B.F.）の理論が基礎になっている。

　人の振る舞いは，まったくランダムに生じているわけではない。同じ

ような状況で同じような内的状態にあれば，同じ行動を選択しやすくなるようにできている。意識的にもそうだが，無意識的な行為はなおさらそうである。これらは普通，習慣（癖）と呼ばれる。

　例えば，電車で足を踏まれた。ところが自分の足を踏んでいる人は，それに気づいていない。そこですかさず「すみません，あなたの足が私の足を踏んでいます」と躊躇なく言える人もいるが，声を上げることができず，我慢してしまう人もいる。これも性格の違いとも言えるが，とっさの対応における習慣の違いとも言える。

　なお一般的に言えば，苦痛や不快があればすぐに表出する習慣を持つ人が，上手に世渡りして行くことができる（中には，足を踏んだ人をいきなり殴りつけてしまうような人がいるかもしれないが，それは暴力的ということになり，逆の意味で問題行動である）。このような習慣の違いは，さまざまな場面においても似たような行動選択の違いとなって，本人のストレス全般と関係している。

　行動変容法では，このように具体的な行為のレベルの違いを個々の習慣の生起頻度としてありのまま分析し，そこにストレートにアプローチする方針を選ぶ。

　「行動療法によるカウンセリングは，クライエントの心に関わらない」という表現は，まったくの誤解である。ただ，人の心というものを，目に見えるレベルで捉えていくだけである。つまり，「心は細部に宿る」と考えているわけである。ここで言うまでもなく，細部とは，クライエントが自らの内部の状態を変化させるため，および外部環境，人と関わるために行う，あらゆる振る舞いのそれぞれを指している。

　行動変容法では，主張性だけでなく，例えばやる気，愛情，攻撃性というような，心の内側のあるエネルギーのせいで，問題が繰り返されているというような考え方をできるだけ避ける。なぜかというと，「エネ

ルギー」に直接ふれることはできないからである。調子が出ない人に，やる気を出せと言うだけでパフォーマンスが向上するなら，世の中にカウンセリングはいらない。そのような人のために周囲ができることは，本人にとって望まれる，積極的な行動が徐々に引き出されるように状況設定をすることである。何より，カウンセラーはクライエントにとって1つの環境なのであるから。

　そのため，ある振る舞いを持続させている（環境側の）要因は何か，ということを丁寧に分析しなければならない。何が手がかりになっているか，それによって行われる振る舞いは何か，どのような結果（環境の変化）がその振る舞いにともなって生じているか，などである。カウンセラーが環境であることを忘れなければ，クライエントとカウンセラーのやりとりの分析も当然，分析の対象となる。

　ここで指摘した「丁寧な分析」，つまり，ある存在，振る舞い，表情，身体の動き，姿勢の変化，発せられた言葉などの及ぼす影響を丁寧に見ていく作業は，実は多くのすぐれた心理療法実践に共通する要素である。このレベルにまでお互いの理解が進むと，少なくとも事例検討の中では，十分に他のアプローチと相互理解が可能である。

　オペラント心理学の基本原理は，ある振る舞いにともなって，何らかの快となる結果がもたらされると（あるいは何か嫌なことが解消されると），再びその振る舞いがなされやすくなるということである。ある習慣行動の生起頻度が増加することを「強化される」と言う。快がもたらされることによる頻度の増加を「正の強化」，不快が取り除かれることによる頻度の増加を「負の強化」と呼ぶ。

　近所の人が歩いてきた。まず，こちらから挨拶した。相手も笑顔で返事をしてくれた。これらはそれぞれ手がかり，振る舞い，結果にあたる。次にこの同じご近所の人が目に入ったら，やはり挨拶しやすくなる。い

つもこわい顔をしている人に挨拶したら，にっこり微笑んでくれた。それでも，挨拶する頻度が多くなる。

逆に，いつもにこやかな人が，こちらから挨拶しても，知らんふりをして去っていくことが続いたというようなことがあると，徐々に挨拶しなくなる。この場合は「消去される」と言う。このように，人間関係における相互作用の分析をベースに，望ましくない振る舞いを改善し，他の振る舞いに置き換えていくアプローチである。

## 4. 人間関係の中における悪循環をシステムとして捉える

ある集団をシステムとして捉えるという表現はよく用いられるが，カウンセリングの領域においてはいかなる意味があるのだろうか。例えば，ある家族を，システムとして捉える場合と，システムとしてではない捉え方をした場合は，どこに違いがあるのだろうか。

組織（ひとりの人間も1つの「組織」であるが，しばしば家族やクラス，職場集団などのグループを意味する）の中に，何らかの悪玉が存在して，それが組織の一部あるいは全体に何らかの悪さを及ぼしているという捉え方は，システム的な理解に当たらない。

組織の中の，ある構成員二者間のやりとりだけに注目する理解も，システム論的ではない。例えば，家族の中の子どもの問題行動，雰囲気の悪さなどを，夫婦の関係に結びつけ，あたかもその夫婦関係の悪さがすべてに影響しているような捉え方も，システム論的とは言えない。

システムとして理解するとは，家族，学校，職場の集団，地域社会などを，特定の成員の性格や能力といったものから説明していくのではなく，相互のやりとりの流れ（展開）として分析していくことである。円環的理解と呼ばれることもある。

例えば，会社では「とても面倒見のよい課長さん」で通っているのに，家庭では暴君のように振る舞っている男性がいるとする。システム論的には，どちらが男性の本性なのか，あるいは，そのような性格の二面性をもたらしている無意識的構造として何が潜んでいるのか，というところにこだわってもしようがない，ということになる。職場におけるシステムでは，どのような相互作用が展開しているのか，一方，家庭においてはどうか，という観点から考えていくことになる。

　システムアプローチ的な考え方が最も浸透している家族療法においては，問題を持った方をIP(Identified Patient)と呼ぶ。家庭というシステムの中のあるパターンが，たまたま特定のメンバーにおいて問題行動として表出するというわけで，このアプローチのスタンスを反映した用語法である。つまり，家族の中にひとりの問題児，問題オヤジ，あるいはダメな母親がいるというのではなく，家族のシステムに問題となる流れがどうしたものか持続してしまっていて，それがたまたまひとりの子，あるいは父親，母親において，心理的な問題として吹き出したという認識に立つ。

　ある家庭の事例である。父親は，中学3年の息子との対話が取りにくい状況になっている。そのことを気に病んでいる母親が，2人の間を取り持とうとして，息子には「お父さんは，あなたを心配しているのよ」と伝え，父親には「あの子なりに，お父さんには悪かったと思っているのよ」などと伝える。そのような「間に入る」母親の止むに止まれぬ努力が，結果的に父と息子の距離をますます遠ざけてしまう（ここで，息子と父親の間のトラブルはこの母親が原因である，と述べているわけでもないことに，くれぐれもご注意いただきたい）。そのため，父と息子はますますお互いを誤解しさらに溝は深まる。

　このような展開は，とりわけ閉じた集団においてよく見られる。誰が

悪いのか，何が悪いのか，一言で言い切れないし，言ってもしかたない。

　悪者探しをしないで，繰り返されている悪循環そのものに目を向けていく。ともかく悪循環がストップする方法を考えるというのが，解決志向なアプローチの基本である。

　システムとして捉えることから出発するアプローチは，ブリーフセラピィと呼ばれる1つの体系をなしている。そこには，以下のような独特の認識論が共有されている。ある集団のある構成員は，普遍的かつ客観的な事実として周囲に影響しているわけではない。その構成員にある影響を及ぼしているという認識を持つ，1つの集団の中でのみ「共有されている事実」にすぎないというものである。

　例えば，「生徒の心をくみ取れない教師」という存在は，実は絶対的な存在なのではなく，そのような見方，捉え方をする生徒，他の教師（あるいはこの教師本人もそう思っているかもしれない），さらには保護者，地域や教育委員会の担当者という関係の中で存在している。このような前提に立った方がより柔軟な援助が達成できるのでは，というのがブリーフセラピィの1つの重要な哲学である。

　ブリーフセラピィのグループの中に流れる「既成のパターンに頼らずに，しかし目の前にある現象からパターンを捉えていく」態度は，行動療法の基本的発想ときわめて親和的である。そしておそらく，解決志向の，真の意味でのクライエントの苦痛の緩和が中心に据えられた援助の実践のためには，このような態度がきわめて重要と考えられる。

〔参考文献〕

山上敏子（1990）『行動療法』（岩崎学術出版社）

宮田敬一（1994）『ブリーフセラピー入門』（金剛出版）

井上和臣（1997）『心のつぶやきがあなたを変える：認知療法自習マニュアル』（星和書店）

杉山尚子・島宗理・佐藤方哉・マロット, R.W.・マロット, M.E.（1998）『行動分析学入門』（産業図書）

飯倉康郎（1999）『強迫性障害の治療ガイド』（二瓶社）

団　士郎（2000）『不登校の解法：家族のシステムとは何か』〈文春新書〉（文芸春秋社）

五十嵐透子（2001）『リラクセーション法の理論と実際』（医歯薬出版）

ジュディス, S.B., 伊藤絵美・神村栄一・藤澤大介共訳（2004）『認知療法実践ガイド』（星和書店）

吉川　悟（2004）『セラピィをスリムにする！：ブリーフセラピィ入門』（金剛出版）

# 13. 児童の心理療法

　子どもたちにも心の問題によってさまざまな症状や不適応行動が現れる。例えば，恐怖症（動物，雷など）や強迫行動（就眠時に鍵を執拗にかける儀式的行動など），夜尿や円形脱毛症，緘黙症状，不登校から学習障害や注意欠陥症状などの行動上の問題である。発達途上にある子どもたちの心理療法は，成人のそれのように言葉によって行うことが難しい。したがって，遊びによって子どもたちの不適応行動の改善を図るのであるが，それを心理療法の1つとして遊戯療法（play therapy）と呼んでいる。遊びには本来，治療的効果があって，十分に遊ぶ子どもはよく育つと昔から言われている。

## 1. 遊戯療法

　遊戯療法は精神分析理論に基づいて児童分析として始まった。フロイト, A. とクライン, M. の両者は，遊びを導入することによって精神分析の技法を児童に応用したのであった。この2人は解釈において理論的論争を続けたが，それらは専門的にすぎるので，この章ではその後に展開した来談者中心療法の立場に立つアクスライン, V.M. の遊戯療法について紹介する。

1）**プレールーム（遊戯療法の場所）**　広さは施設によって異なるが，適当な玩具類，ゲームや絵の具，粘土，広ければトランポリンや大型積み木，ドルハウスなどが準備される。砂場などを備えたところもある。箱庭療法もここで行われることが多い。

2）**対象者** 大体3，4歳くらいから小学生くらいまでが想定される。
3）**方法** 通常は時間が決められていて，1回が50分前後，週に1回の割合で行われる。神経症圏の児童であれば親子を分離して行うことが一般的である。並行して母親カウンセリングが違うカウンセラーによって行われるが，児童も養育者も同じカウンセラーが行うことがある。
4）**カウンセラーの態度** アクスラインは，遊戯療法を行うカウンセラーの態度について，次の8項目を挙げている。①よい治療関係を作る，②あるがままの子どもを受容する，③許容的雰囲気を作る，④適切な情緒的反射を行う，⑤子どもに自信と責任を持たせる，⑥非指示的態度を取る，⑦治療を急がない，⑧必要な制限を与える（例えば，おもちゃを破壊するような行為，自己破壊的な行為など）。

## 2. 遊戯療法の留意点

　子どもは創造的な遊びをしたり，破壊的な遊びをする。そして治療過程の中で心理的変化が生ずると，退行現象（赤ちゃんがえり）や行動化（反抗）が見られることが多い。そういった治療による変化を養育者にあらかじめ説明しておく方がよいであろう。また，遊びは自然に流れていくので，カウンセラーが場合によっては子どもに振り回されてしまうこともある。遊戯療法では，遊びの制限とか遊びの意味の読み取りに，カウンセラーの本領が発揮される。迷ったり，悩んだりすることもあるので，カウンセリングと同様に，スーパーヴィジョンが必要である。
　近年，軽度発達障害の児童を対象にして，神経症圏の児童とは異なった治療・教育的な遊戯療法が行われるようになった。それは主に認知行動療法の介入でなされることが多い。社会的スキル，行動上の変化，学習などが総合的に組み合わされ，時間もそれぞれの目的にかなった設定がされている。個人療法もあるし，小集団で行う場合もある。

## 3. 親のカウンセリング（母子並行面接について）

　児童の問題は，親子関係や家族の中での養育環境に影響される場合がほとんどである。しかし，親は子どものためによかれと思って養育をしているので，どういう関係が子どもの問題に影響しているかについては，ほとんど意識することができないと言ってよかろう。しかしながら，カウンセラーは親子関係に原因を求めたり，親を責めたり，親子関係の歪みを無理に意識化させるというような姿勢ではなく，親とのカウンセリングはカウンセラーとの協働作業であるということをはっきりさせて，子どもへの接し方をともに考えていくことが大切である。親のカウンセリングは，親の個人的な問題に関わるのではなくて，親と子どものやりとりや子どもの変化を扱うようにする。適切な助言や，見落とされている点，意味の説明などがなされると有効であろう。親自身の適応上の問題が大きい場合には，子どもとは関係なく親自身のカウンセリングを勧めることが望ましい。

## 4. 事　例

事例：A子—小学校4年生女児
主訴：不登校
家族：父親—40代，専門学校卒，自営業
　　　母親—50代，高校卒，専業主婦
　　　A子—10歳，小学校4年生
　　　妹——5歳，幼稚園，LDの疑い，言語治療中
生育歴・現病歴：A子は母親が40代のときに帝王切開にて生まれる。順調に育ったが，人見知りがないという特徴があった。1歳時，熱性けいれんを起こしたが検査では異常はなかった。5歳時，ヘルニアの

手術を行い，6歳まで食が細かった。小1の時，熱なしのけいれんがあった。また，側わん症が見つかる。小2の時，はしかで40度を超える熱を出す。小4の6月，腹痛が続き小児科を受診するも異常はなく，その後，無力感に襲われ，7月になると宿題をやれないと言って，学校に行かなくなる。

治療経過：週1回50分，母子並行面接，合計31回の相談を行う。母親面接はインテークを担当した40代女性，A子は筆者（佐藤仁美）が担当した。

【第一期】　初回〜#5　X年8月〜10月　『歩調あわせ』

初回，筆者はA子に物怖じしない妙に大人びたところのある「つきあいづらい」印象を持った。導入には言葉でのやりとりを行ったが上滑りしてしまうため，風景構成法[1]（口絵写真1参照）と箱庭[2]（口絵写真2参照）を導入した。A子にとって，非言語的表現を用いることにはなじめたようだが，風景構成法と箱庭にはしっくりこない様子だった。筆者は，A子に対し物事の説明はできても感情がうまく伴ってこない印象を強く持ち，遊びにも工夫が必要だと感じた。#2にはスクイグル[3]（口絵写真3参照）を導入すると面白がってのり，ともに作る作業が本格的に開始される。#5まで持参したＢＧＭをがんがん流しながらスクイグルの発展系：MSSM[4]を好んで行い，少しずつ感情の伴ったコミュニケーションが取れるようになってくる。#5では対話に自然と「学校で〜」の言葉が出るようになり，母親面接においては，A子が登校できていることが報告されていた。

【第二期】　#6〜#19　X年10月〜X+1年3月　『横関係づくり』

思ったことを筆者に語り，2人の歩調が合っていった時期である。#6〜#7ではMSSMを紙芝居に発展させ盛り上がる。#8にはA子の

---

1) 風景構成法…中井久夫の考案した描画法。治療者の枠付けした台紙に提示する項目（川・山・田畑・道・家・木・人・花・動物・石・付加物）を順番に描いてもらい，彩色して全体で1つの風景とする。

2) 箱庭…スイスのカルフ, D. によって考案され，1965年に河合隼雄によって日本に紹介された。内法72×57×7cmの内側が青く塗られた砂箱に玩具を置いて表現するもの。

3) スクイグル…1971年にウィニコットにより子どもの治療のために考案された投映描画法。中井久夫により1977年に日本に紹介された。用紙に描いたなぐり描きに投映させて見えたものを完成させる。

提案でデカルコマニー[5]を行う。＃9より＃13まで，やはりA子の提案によりコラージュ[6]（口絵写真4‑1〜8参照）となる。筆者も一緒に制作する同時制作法を取った。＃14からはジグソーパズルに取りかかる。

　【第三期】　　＃20〜＃28　　X＋1年4月〜9月　　『横関係成立と
　　　　　　　　　　　旅立ちの準備』

　A子は小学校5年生になる。落ち着いた時間が流れ，会話がはずみ作業が止まることも多く，学校や家族のことも生き生きと語られていた時期である。面接室内では終始にこやかで，筆者には，終結はそう遠くない時期に訪れる予感があり，2人の関係は安定期にあった。

　＃20〜＃24では，腕まくりしてジグソーパズルをする。第二期よりもピース数も多く，難しい絵柄に取り組んだ。＃25ではオセロ大会となる。「もっと楽しいものをやりたい」というA子の発言から，＃26には模造紙にフィンガーペインティングをする。夏休み中，A子も安定していることから休みとする。＃27〜28，夏休みが明けてA子は元気に来室し，ふわふわの素材で貼り絵を楽しむ（口絵写真5参照）。

　【第四期】　　＃29〜＃31　　X＋1年10〜12月　　『旅立ち』

　「相談室よりも友達が大事。相談室に行っている時間がもったいない」と，次第に相談室と筆者から気持ちが離れて行った時期にあたる。

　＃28〜＃29の間に1回キャンセルが入り，母親から友達と楽しんでいるA子の様子が報告される。＃29，A子と終結時期とそれまでにやりたいことを決める。＃30からフィンガーペインティングの再構成を開始する。最終回までの間にキャンセルが2回入り，うち1回は友達と遊ぶため，もう1回は腹痛のためであった。最終回の＃31では，A子の最も好きなCDをBGMに，仕上げの再構成を行い，曲の終わりと最後の作品『鏡』（口絵写真6参照）の完成が同時であった。

　考察：A子にとっての心理療法過程を振り返ってみる。第一期，初回

---

4）MSSM…Mutual Scribble Story Making：交互スクリブル描き物語統合法。1984年に山中康裕によって考案された。画用紙に枠付けし，Clに6〜8コマに仕切ってもらい，各コマを交互にスクイグルし，最後に投映されたすべてのアイテムを用いて物語を完成させるもの。

5）デカルコマニー…紙に絵の具やインクをたらして2つ折りにして開くと偶然の形が現れる。ロールシャッハ図版もこの方法で作られている。

6）コラージュ…雑誌類から思い思いに切り抜きをし，台紙に貼ったもの。個人療法に用いた報告，森谷寛之によるコラージュ・ボックス法，杉浦京子によるマガジン・ピクチャー・コラージュ法が1989年に同時に発表され，現在もなお発展し続けている。

の緊張に耐え切れず動き始めたのは筆者である。言葉では上滑りしてしまうＡ子の表現を補うために風景構成法・箱庭を導入したが，非言語的表現はＡ子にマッチしながらも，「一緒に」できる作業ではなかったため１回止まりとなった。生育歴からも，体で訴えるＡ子に保護者の対応は，必死ながらも的を射ていなかったことが推測される。Ａ子自身"できること"で親にアピールすることによって自分を保ってきたが，この時点で限界を感じ，身体症状に訴え，給油すべく相談室を訪れたのであろう。

　この親子間（二者関係）のずれを埋めるべく，心理療法でのCl-Th関係では同時制作できる技法で展開していった。「親へのアピール＝上手に」の構図にとらわれない，上手下手を問われないスクイグルが，Ａ子に不足していたホールディング獲得を可能にしていった。第二期，MSSMからMSSM紙芝居へと発展していく間に，筆者との呼吸があっていくと同時に，スムーズに登校もでき，家族間での交流も活発になっていった。Ａ子の得意とする技法：デカルコマニーとコラージュでは，無意識の作業の中，筆者の部分模倣などを通して新しいものを受け入れていく様子が見られた。デカルコマニーの偶然の形と色との出会いや，コラージュ・アクティビティである完成品をいったん崩して再構成していく作業は，思春期の自己の再構成に非常によく似ている。これまでの，他者＝特に親や先生など身近な大人の価値観でできた自分をいったん壊し，自分とは何かを見つめ直し，新たな自己の形成をしていく工程は，コラージュ・アクティビティそのものである。コラージュ期を過ぎると，治療関係は安定期を迎える。第三期には，ジグソーパズルという１つの枠の中で心地よく作業が展開し，時にはパズルをすること＝媒介物を通した間接的関係よりも，おしゃべりをして楽しむ直接的な関係に居心地のよさを感じていく。また，フィンガーペインティングによりこれまで

のエネルギーをいったん発散させ，次第に収束させていく。素材選びも肌ざわりのよい直接的なものに変化していた。第四期，友人との時間の大切さを前面に出せるようになり，A子本来の姿に戻っていく。最後に取りかかっていたジグソーパズルも未完成のまま誰かに完成を委ねられるようになった柔軟性は，安定した信頼感が築き上げられたからこそであろう。最終回に作られた『鏡』は，これまでを映し出す鏡，その鏡の世界からの帰還であり，A子の人生の中で無限の時の一点を筆者とともに過ごした証とその終焉，まとめを意味していたと思われる。ここから先は困難があっても自分の力でやっていく，筆者とはここでお別れといったメッセージを感じた。

　A子と筆者の間に，常に流れていたものは，非言語的表現を用いての遊びを通しての交流であった。遊戯療法適応の高年齢にあたる小学校中～高学年は，幼い子どもたちに比べて言語使用が容易なため，遊びもより複雑で，論理的な思考も含まれてくる。価値観やプライドの形成も進んでいることから，むやみに傷つけずに，自我力の強化を支援することも必要となる。それは，限られた時間と空間内ではあるが，その中で最大にClを信じて辛抱強く待つ姿勢が鍵となる。

　以上，簡単ではあるが事例の経過を紹介した。紙面に限りがあるので，放送授業において掲載されている写真の詳しい説明を加え，この事例を通して，児童の心理療法について深めていきたいと思う。

※ここに紹介した事例は，守秘義務のもとで公開されることを，クライエントである子ども・その保護者である母親・相談施設長から承諾を得られたものである。しかしながら，承諾を得られているからといって，この印刷教材・放送授業を超えてひとり歩きすることのないように，心にとめておいていただきたい。

〔参考文献〕

河合隼雄（1969）『箱庭療法入門』（誠信書房）

秋山達子（1972）『箱庭療法』（日本総合教育研究所）

アクスライン,V.M.,小林治夫訳（1972）『遊戯療法』（岩崎学術出版社）

高野清純（1972）『遊戯療法の理論と技術』（日本文化科学社）

ウィニコット,D.W.,橋本雅雄監訳（1987）『子どもの治療相談①②』（岩崎学術出版社）

山中康裕（1992）「MSSM法」,氏原寛ほか編『心理臨床大辞典』（培風館）

森谷寛之（1995）『子どものアートセラピー』（金剛出版）

弘中正美（2002）「特集・遊戯療法」『臨床心理学 Vol.2 No.3』（金剛出版）

# 14

## グループ・カウンセリング

　グループ・カウンセリング（集団精神療法）の創始者として，1902年にボストンで結核患者の教育的集団療法を行った内科医プラットが挙げられている。週に1回開かれたグループには，当時，不治とされた結核患者の孤独感やうつ感情に大きな効果がもたらされたということである。この後，このような教育的集団療法はアメリカにおいて精神科領域で発展し，理論的にも技法的にもさまざまな集団療法が行われてきている。集団療法，集団心理療法，集団精神療法，グループ・カウンセリング，エンカウンター・グループ，トレーニング・グループ（Tグループ，感受性訓練），ゲシュタルト療法，サイコ・ドラマ，交流分析，ファンタジー・グループなどをその例として挙げることができよう。この他にも，行動療法的集団療法，アサーション・トレーニング，社会的スキルの訓練グループなどがある。

　これらを大きく分けると，①洞察志向的集団精神療法（精神分析的），②エンカウンター・グループとTグループ，③グループ・カウンセリング，④その他，とまとめることができる。

## 1. 集団精神療法

　洞察志向型の集団精神療法は，言語による相互作用を媒介にして治療的展開を図ることを目指している。集団心理療法，集団精神療法と言われ，主に医療領域で実施されており，病棟全体の大きな集団精神療法から，特定の患者（例えば，統合失調症，アルコール依存，薬物嗜癖など）

を集めて行うこともある。この方法は一般に言うグループ・カウンセリングとは一線を画しており，精神分析的概念によって集団の力動を取り上げ，治療者との関係などに転移関係を認めたり，二者関係や三者関係という視点が入ってくる。

　精神分析的精神療法は，本来，個人療法を主とするものであるが，小谷（1990）は個人精神療法が体験自我能力の高い神経症圏を中心とした治療法であるのに対して，集団精神療法は体験自我が未発達なもの，あるいは偏りや歪みがあるもの（性格的要因の強い人たち）にも体験自我の養育的場を与えることから，個人精神療法と集団精神療法は補完的関係にあり，体験自我と観察自我は両者の治療法によって内的統合性が高まると論じている。

　集団精神療法の技法には「指示的・表現・明確化」と「統合的・再構成・洞察志向」の2つのアプローチがある。前者は治療目標が内的構造の変化というよりも，環境への適合性を目指すものである。つまり補助的な自我機能を治療的風土の中で開発し，現実に持っている能力を維持し強化することで，現実的な社会適応能力を高めたり，身につけていくことを目指している。後者のアプローチは，患者の内的構造と適応メカニズムの改善が活動の主たるものとなり，自己探求の作業が中心となる。その際には，個人的な葛藤や対人関係での転移現象や防衛機制などが取り上げられる。前者の適応性を目指す立場は他の集団療法に影響を与え，支持的で現実対応的な集団心理療法として広く行われている。この場合は，必ずしも精神分析理論に即して実施されているわけではない。

　具体的な進め方は小谷の論文にゆずるが，グループの構成員と治療目標によって，時間や回数，場所，治療者，課題などは多様な形態を取る。

　対象者には精神病レベルから人格障害や神経症圏，アルコール依存症などの，非常に広範囲の人たちが含まれる。ここで述べられる精神力動

に基づく集団療法の基本的視点は，病理的現象を視点に入れての治療的関係を重視していると言ってよかろう。治療者は洞察志向的集団精神療法の実際にあたっては，何らかの精神分析的訓練が必要となろう。

## 2. エンカウンター・グループ

ロジャーズによって提唱されたクライエント中心療法は個人カウンセリングであるが，1960年代から人間性回復運動と呼ばれるようになり，集中的グループ体験がアメリカで盛んになった。それらはベーシック・エンカウンター・グループと言われているが，日本でもまもなく村瀬・村山（1992）らが各地で1週間から数日の日程で，集中的グループ体験の場を提供し，効果を上げてきた。

ロジャーズはすでに1946年以降，カウンセラーの訓練に集中的グループ体験が有効であることに気づいていた。その後，感受性訓練（Tグループ）などとの交流を深め，ゲシュタルト療法や交流分析，サイコ・ドラマなどとも相互に影響しあい，これらの集団療法間に明確な差がなくなっていると言ってよい。エンカウンター・グループの基本は参加者の成長を目指すものであって，精神分析理論に立つ精神療法が病理レベルに重点を置くこととは異なり，参加メンバーに対する姿勢もリーダーの動き方も治療ではなく，成長という視点に重点がある。神経症圏の人々の参加もあるが，創設時のTグループが産業界の指導者を対象にした影響もあって，参加者は産業界など一般の人々も多く，新しい自分に気づきたい，解放されたいと願う人々の参加が目立つようになってきた。グループを開催する人たちも「治療者」や「カウンセラー」「リーダー」ではなく，グループの関わりを促進するという意味で「ファシリテーター」と呼ばれることが多い。

村山は現代社会にあって，このエンカウンター・グループの役割を以

下の4点に集約している。
- ①**真実の自分になれる場**：日常の役割から離れて，本当の自分の気持ちを探究し，ふれる場としての意義。
- ②**変化の激しい時代に生きる再学習の場**：自分自身のライフスタイルに気づき，それを大切にすること。あるいはとらわれないこと。グループの場でさまざまな人の生き方にふれ，自分を再発見する場である。
- ③**心理治療の代役として**：健康者の心理的成長が目標であるが，かなりの人が心理治療の代わりとして利用している。心理的障害を持つ人は医師などの紹介状を持参することが望ましい。
- ④**新しい人に出会える場**：これはどこにでもその可能性はあるが，その1つとして。

 ベーシック・エンカウンター・グループの一般的進め方は，グループの構成人数が10〜12名，ファシリテーターが1〜2名入る。1セッションを3時間とし，1日3セッションで，1泊2日から5泊6日までの宿泊合宿という形式を取る。場所は日常性から離れた静かなところが多い。時間と場所の枠が決められているだけで，話し合うテーマは決められていない。自由な，強制されない集団であるように配慮されなければならない。

 ファシリテーターによるグループ促進機能の主なものは，傾聴すること，深めようとはせずありのままのグループの受容，個人が伝えようとするものに正しい共感的理解，個人なりグループに感じていることを表明することで対決とフィードバック，自発的になされる身体的表現や身体接触などによる非言語的表現，感情に開かれていること，評価がなされないことなどが挙げられている（村山）。

 グループのプロセスは村山・野島の研究により7段階に区別されてい

る。段階1：当惑と模索。ファシリテーターによる場面構成後の戸惑い，当惑，困惑，不安など。段階2：グループの目的・同一性の模索。次から次へと場つなぎ的な話題。段階3：否定的感情の表明。グループの中の目立つ人，ファシリテーター，グループの性質について不満，攻撃，不信などの否定的感情が表明される。段階4：相互信頼の発展。まとまりができ，信頼感，親密感，他者への関心・配慮が高まるなど。段階5：親密感の確立。重要な自己の内面は語られないが，冗談と笑いが出て親密感が高まる。段階6：深い相互関係と自己直面。「いま，ここ（here and now）」に基づいた素直な自己表明，正直な他者への応答，フィードバック対決，いろいろな試みや挑戦が行われるなど。終結段階：段階4以上にまで展開したグループには満足感がある。この集団のプロセスは技法的に異なる集団であっても（毎週1〜2回のグループであっても），展開する経過には共通する面もあるので，集団を扱う臨床家には参考になるであろう。

　グループ・リーダー（ファシリテーター）はグループ構成員の自発的な動きを待つ場合が多いが，ゲシュタルト療法はかなり積極的である。最も積極的に介入するのは薬物依存やアルコールなど嗜癖患者の入院治療の際に行う集団療法で，嗜癖という現実に直面させるやり方を取る場合が多い。

## 3. 課題中心のグループ・カウンセリング

　課題中心のグループ・カウンセリングには，モレノによる心理劇やパールズのゲシュタルト療法，現在行われている慢性化した精神病者へのSST（社会技能訓練），アサーション・トレーニング（自己主張訓練）などがある。また自閉症児や学習障害児とその養育者が参加する教育治療的な集団療法もある。集団で遊びやゲームや運動を通して，親子の関

係を強化したり，親が子どもとの交流を学んだりする。

　これらのグループは治療というよりも教育訓練的な色彩を帯びていて，集団療法という意図には添わないとする意見もある。しかし集団の働く力を用い，集団の中にモデルがあったり，模倣したり，他人の動きに協調したり，支えられることなどが，グループ・リーダーに配慮されて行われることも含めて，広い意味で集団心理療法と言ってもよいだろう。

　ユング派の分析家である樋口が考案したユニークなファンタジー・グループの紹介をしておきたい。これまでの集団療法では主に言語によってグループ・メンバーの相互理解が進められたが，ファンタジー・グループはメンバーに言語使用を禁止して，イメージを共有することで自分のあり方や，他者との相互性を感じていく方法である。形態としては集中的グループ体験であるが，イメージを中心にすることから無意識からのメッセージもあるし，集団の無意識が働く場合もある。遊びと緊張が微妙に機能して，予想されない体験が生まれる。できるだけ自由な雰囲気の中で，世話人はイメージが動くように援助するが強制はしない。グループにも課題は3つあり，はじめの課題は全紙サイズの画用紙に，4〜6人が膠を入れた泥絵具を使って指で描く，フィンガー・ペインティングである。この描くプロセスは自分のイメージと他者のイメージのせめぎ合いであったり，予期しなかった他者の反応に緊張したりする。どこまでお互いの色彩に接しられるか，目には見えないが一種の緊張関係が生ずる。人によってはフィンガー・ペインティングで程好く退行し遊ぶこともある。ファンタジー・グループは言語の使用を禁止するという点が巧妙で，私たちは言語によって一瞬のイメージの変化やきらめきを消してしまうことに気づく。メンバーは課題が終わると，作業の体験を言語化できる機会が与えられる。作品の正位置を決め，題を付け，1セッションが修了する。次のセッションの課題は前のセッションで作られたフ

ィンガー・ペインティングをはさみで切り，その切片を糊付けする，一種のコラージュ作りである。ここでも作成中は言葉が禁じられていて，作業が終わった後に体験過程が話し合われ，そして題名が付けられる。最後のセッションは粘土によるフォルム作りで，これにはあまり相互性を求めずに1人の作業となる。作ったものを他人に渡し，作品に他人の手が加わり，異なったパーツをどのように取り入れるか，ここに創造性や葛藤が扱われることになる。集団によるフィンガー・ペインティング，カッティング，粘土の一連の集団体験がイメージや遊びを通して，思いもかけない自分に出会える体験を目指すものである。

## 4. 今後のグループ・カウンセリング

グループには参加者の成長を促す力があり，メンバーは相互に支えられ，さらに自己開示が可能になる側面がある。今日，精神保健上の問題が山積していることから，グループ・カウンセリングの要請が増すものと思われる。また，犯罪被害者や虐待を受けた人々，災害によるPTSD（心因性外傷体験）で苦しむ人々に対しては，同じような体験をした人に共通する話し合いがなされ，相互に支えあう関係も生まれている。今後の展開が期待されるところであろう。

最後に集団の持つ危険性に触れておきたい。集団の力動は必ずしも参加者全員のレベルに適切に働くわけではない。ときには，個人を著しく傷つける場合もあり得るし，個人を破壊してしまうこともある。このあたりの見極めができるような訓練をして，実施することが望まれるであろう。

〔参考文献〕

台　利夫（1989）「サイコドラマ」（心理劇）河合隼雄・水島恵一・村瀬孝雄編『臨床心理学大系9　心理療法3』（金子書房）

倉戸ヨシヤ（1989）「ゲシュタルト療法」河合隼雄・水島恵一・村瀬孝雄編『臨床心理学大系9　心理療法3』（金子書房）

デビソン, G.C., 村瀬孝雄監訳（1998）『異常心理学』（誠信書房）

小谷秀文（1990）「集団心理療法」小此木啓吾・成瀬悟策・福島章編『臨床心理学大系7　心理療法1』（金子書房）

村山正治（1990）「エンカウンター・グループ」上里一郎・鑪 幹八郎・前田重治編『臨床心理学大系8　心理療法2』（金子書房）

村山正治（1992）「エンカウンター・グループ」氏原寛・小川捷之・東山紘久・村瀬孝雄・山中康裕編『心理臨床大辞典』（培風館）

樋口和彦・岡田康伸（2000）『ファンタジーグループ入門』（創元社）

# 15. コミュニティ・アプローチ

　心の支援のための専門技術は，コミュニティから少し遊離した空間（相談室・心理療法室）でひっそりと進める方が，都合の良いことが多い。しかし，コミュニティの中で進められる土臭い相談・援助の活動が，素人的で専門性の低い活動と見なされることがあれば，それは明らかに間違いである。

　今日のように，心理カウンセリングが世間に浸透してくると，カウンセリングの社会貢献のあり方も変化してきている。積極的にコミュニティに入り込み，コミュニティの自己回復力を前提とする，高い専門性に裏付けられた支援活動の実践が模索されるようになってきた。

　コミュニティにおいて「調和の取れた」状態にあることは，そこに暮らす人にとってきわめて大きな意味を持つ。コミュニティ・アプローチという枠組みにおいて展開されているいろいろな実践活動から学ぶことは，心の支援とは何かというテーマを考えていく上で，避けて通ることはできない。

## 1. コミュニティ・アプローチの特質

　カウンセリングや臨床心理学的活動は，病院や福祉・教育の専門的相談機関など，治療・援助を専門的に行う機関の中で行われる活動と，その外で行われる活動に大別される。コミュニティ・アプローチとは，この後者にあたる心理的活動全般を指す。特定の領域や理論・技法に基づく固有のアプローチを指すわけではない。むしろ，地域の特性，問題や

困難の特殊性に具体的に対応していく必要性から，きわめて柔軟で，枠にとらわれないアプローチであると言ってよい。

　援助を受ける側からすれば，敷居が高いと感じがちな専門的治療機関のサービスとは異なり，困難が生じている生活の場でより具体的な援助を受けられるという利便さがある。このことから派生するメリットとして，以下のような場合に対応しやすいと指摘できる。①いわゆる危機介入，つまり緊急的に心理的援助が必要となった場合，②苦痛を持つ者が自ら専門的な治療機関に出かけることが困難な場合，③問題や困難に関わっている構成員が多数・複雑である場合，さらに，④すでにある地域のネットワーク，あるいは地域の他の専門家・専門機関などの連携形成が望まれる場合，⑤より広範囲な対象に予防的・啓蒙的な援助を進める場合，⑥困難の中心にある人を身近で支援し続けている人びとを，専門的に支える必要がある場合，などである。

## 2. コミュニティ・アプローチの支援のあり方

### ①危機介入

　危機介入とは，ある個人または集団が何らかのトラブル・事情から，急激な苦痛や困難の高まりを経験したために混乱の中におかれ，その個人や集団が本来持つ対処の能力・回復力が発揮されにくいと判断される場合に，その本来の力が再び機能し始めるまでの短い期間，集中的な支援を展開することを言う。

　危機介入ではしばしば，援助の専門家が危機状態にある人・集団の生活の場に積極的に入り込み，心の面以外の専門家との連携の中で，緊急的な支援を展開する。必ずしも本人からのカウンセリング要請がなくても，危機を経験している人・集団の身近にある人や別の専門性にある人（家族，親戚，他のコミュニティメンバー，警察その他行政関係者，学

校等教職員など）からの要請で動くことも多い。

　危機介入は，できるだけ速やかに，効率よく対応することが望まれる。そのためには，多くの場合，複数のカウンセラーが手分けして支援を開始することが多い。また，何よりも援助の場には，事件の影響で相当の混乱が生じており，「心のケアどころではない」状態にある人が大半である。その中で，現場の足手まといではなく，実質的な支援として機能するためには，普段から「万が一」のための対応をシミュレーションしておく必要がある。

　カウンセラーはともすれば，地域の中で独自に活動する傾向の強い専門家である。しかし，コミュニティにおいて想定される危機介入に際して，チームとして実効ある活動をすぐに行えるように，定期的に相互研修などを行い，ネットワークを形成・維持していくことが望まれる。一匹狼型のカウンセラーは，コミュニティ・アプローチには不適格である。

　危機介入における技術を簡単に解説すると，前半では安全の確保を進め保証しながら手早く症状の確認を行うこと（簡易な症状チェックリストを使うことも多い），および胸のつかえをはき出してもらう（言語媒介以外の表現，描画なども含めて）ことを行いながら平静さを取り戻す可能性をうかがうことであり，後半では，事件の前のようにうまくできなくなった活動・機能の諸側面に対して，具体的にどのような対処を取り得るか，援助対象の内外の資源状況を把握した上で，具体的に導くことである。前段でのはき出しとそれに対する手短な保証のための個別面接は，デブリーフィングと呼ばれる。

②社会的弱者，マイノリティへの支援，機能不全にある人の支援

　心理療法やカウンセリングは，歴史的には裕福な層を対象にした高コストの援助として発展してきた。時代の流れとともに，より広く一般層に提供されるようになり，さらに社会的立場の弱い人，マイノリティ，

あるいは何らかのハンディキャップを負っている人への支援が，さまざまな方面で実践されている。

　人種的な意味でのマイノリティに対する支援という点について，ほぼ単一人種国家であるわが国では，問題視されることは多くない（皆無ではないが）。しかし，HIVなどの特定の疾患にかかっている人，その他何らかの社会的なスティグマ（烙印）に苦しんだり孤立を深めたりで，相談の場を持てずに苦しんでいる人は決して少なくない。

　他方，発達障害や精神障害者，身体障害者においては，障害に直接関連しないものの，心理面や生活面の困難に対するカウンセリングへの需要も多い。これらの多くは，自助グループや地域の支援ネットワークで支えられているが，それらからもれた個人・家族のニーズをカウンセラーが引き受けることもある。そのような事例はしばしば，困難な事情が絡んでいることが多い。

　なお最近では，障害（ハンディキャップ）よりも，機能不全（ディスアビリティ）という捉え方が好まれる傾向にある。「生活のために必要となるある機能に困難がある」という意味である。

③コンサルテーション活動

　カウンセリングにおけるコンサルテーションとは，異なる専門性において対人支援・援助の活動を行っている人・団体に対して，カウンセリングの専門の立場から行う間接的な援助を意味する。カウンセラーの専門的養成において使われるスーパーヴィジョンとの違いがしばしば問われるが，コンサルテーションとは，心理カウンセリングや心理治療の専門ではない相手であることを前提に行われるサービスを意味する。スーパーヴィジョンは，同じ専門性にある関係内でより熟練した者がそうでない者を指導することである。

　スクールカウンセリング活動におけるコンサルテーションを例に説明

する。学校教員は，学校教育および教科教育の専門的なトレーニングを受け，かつ実務経験を持つ専門家集団である。異なる専門性にあるカウンセラーが，学校教員から学校コミュニティの中にある困難事例について情報提供を受け，理解を共有するところからコンサルテーション活動は始まる。そしてカウンセリングの専門性の立場から，その困難をどのように理解できるかをごく簡単に説明した上で，何より具体的な対応について助言，ないしはいっしょに検討していく会議を持つ。

なお学校教育は，臨床心理学だけでなく，児童・思春期精神医学や特殊教育，身体疾患も含めた各種の発達上の困難についての専門性，諸活動についての専門性など，今後ますますバリエーションが広がるものと予想される現場である。スクールカウンセラーとして学校での役割を担う中で，カウンセラー自身が学校教員あるいはその他の専門家から，コンサルテーションを受ける側になることも少なくない。

何でも「心」で理解したがるカウンセラーの中には，法律面や身体医学面，行政面などの専門性から学ぶことが苦手な者も少なくないので注意したい。

④すでにコミュニティにある好材料(資源，リソース)を活用する発想

多くの場合，コミュニティへの援助は，1つの事例に対して時間制限的であり，コストの高い支援を長期に提供し続けることはない(できない)。長期の支援が必要であれば，やはり専門の医療機関や相談室等に引き継がれることが多いし，一般にはそれが望ましい。そのためにも，コミュニティの資源に早いうちから目をつけ，カウンセリングによる援助の場に取り入れ，無理なく活かされるような展開を工夫する姿勢は，一般のカウンセリングの場合以上に有効である。

この場合の資源とは，何より個人・団体であるが，そればかりでなく，すでにある行政や民間のサービスであり，地域に伝統的に残っている慣

習，施設，行事なども含まれる。目につきやすい資源を活用するのは誰でもできることで，カウンセリングの専門家としては，使える材料を探し出す能力が問われる。

問題探しと資源の発見は表裏一体の関係にある。例えば，中学校にとって登下校の生徒の迷惑行為をこまかく報告（つまり苦情）してくる近所の人の存在は，やっかいなことでもあるが同時に資源でもある。在校生徒の非行問題の解決に，かつて最も手を焼いた卒業生が，その筋との調整に一肌脱いでくれることがあったりするのも，コミュニティ・アプローチならではのことである。

すべての問題を，カウンセラーが持つ情報，能力，努力，技術の範囲で援助しきらなければならないというのは，明らかに不合理な思い込みであり，援助達成率の低いカウンセラーによくある特徴である。

⑤予防・啓蒙的な役割

カウンセリングの大半の仕事は，起こってしまった困難や不幸の苦痛に対応することにあるが，そのために身につけた専門性や経験の蓄積を，苦痛の予防や再発防止，啓蒙的な活動として活かすという前向きな貢献も期待されている。

すでに幅広く行われているものとして，健康な人を対象とした精神衛生・ストレスマネジメントについての講演や実習，子育ての中で多くの人が経験する些細な不安に対する解説，抑うつや摂食障害，学生のアパシーなど，ある層において好発することが明らかになっている精神障害についての予防的解説などであろう。

これらは，いたずらに不安をあおるようなものである必要はないが，具体的な事例について関わった経験を活かして（事例の紹介には秘密保持のための細心の注意が必要だが），何が兆候となるか，予防において大切なポイントは具体的生活のどこに存在するか，といったところにふ

れることで期待に応えることができる。

## 3. わが国のコミュニティ・アプローチの状況と課題

### ①スクールカウンセリング活動

　1995年から文部科学省（当時は文部省）による調査事業としてスタートした，いわゆるスクールカウンセラー（以下SC）制度が中心となっている。

　現在の文部科学省のSC活動では，週8時間の1日ないし2日の非常勤勤務であり，一部，中学校区の小学校に，拠点である中学校から出向する試みもある。その他，年数回の派遣型SC（その多くは，校内での事例検討会に参加して，あるいは事例に関わっている教職員への助言，コンサルテーションが中心であるが）事業も，各都道府県や市町村レベルで予算化されている。

　活動内容のかなりの部分を占めるのは，生徒本人やその保護者へのカウンセリング（保護者カウンセリングも，コンサルテーションと見なすこともある），その生徒の問題に関わっている教職員へのコンサルテーション活動である。その他，不登校対策会議や校内研修会などへの参加，生徒への予防的関わりの企画と実践，および万一の危機への介入である。

　ところで，「地域・地区」という言葉を具体的にイメージすると，わが国においては多くの人が，小・中学校の「学区」をイメージするようである。古くからの町や集落などの単位が明確である地域を除き，現代的な町の単位は学校区が適正規模になっている。その意味で，SCには，この学区の心の専門家的な期待・役割が寄せられることが少なくない。むろん，学校のカウンセラーとしての枠を曖昧にすることは望ましくないが，勤務する学校区で「子育てを考える地域の会」，「青少年大会」な

どの開催があれば，学校長などと相談した上で，話題提供やコメンテーターなどのゲストとして貢献するのもよい。定期的に活動しているコミュニティに「顔」を売り，「名刺」を交換し，認知してもらうことも，カウンセラーとしての正当かつ望まれる営業活動である。ブリーフセラピィで言うところの，コミュニティへのジョイニング（参加）に相当する。

### ②産業カウンセリングと学校教職員など公務員の悩み相談，バーンアウト対応

企業におけるカウンセラーの仕事である。これをコミュニティ活動に含めるかどうかは議論があるが，少なくともある程度以上の規模を持つ企業になればコミュニティと呼ぶにふさわしい。そこにはしばしば独特の社風，ルール，しきたりなどがあり，それらの理解と内部での連携が重要になることを思えば，コミュニティ・アプローチと捉えることに無理はない。

かなり重度の問題である場合には，医療機関等への紹介を行う必要があり，しばしば産業保健士や産業医などと協力して，会社全体のメンタルヘルス向上のために共同作業が求められることも多い。依頼が最も多いのは，ある職場環境への不適応とそれによる適応障害的な症状の緩和と，職場復帰を心理面から支援するための調性である。

公務員職も基本的に同じであるが，やや性質の異なる側面がある。例えば，労働者としての学校教職員組織は，学校長を頂点とした磐石のピラミッド構造をなしているように見えるが，実際にはベテランも駆け出しも，互いを「先生」と呼び合う関係であり，心理的負荷が高い職種の割には，「支えられ感」の得にくい職場である。いずれにせよ，公務員職に固有の集団特性があるので，今後，支援体制の充実が期待される領域である。

困難の多い状況にある人の援助にあたる職業，例えば，医師や看護師，弁護士などにおいて認められる，自らが心理面・身体面・生活面に破綻をきたしてしまう状態をバーンアウト（燃え尽き）と呼ぶ。これらの仕事においては，これで完璧という達成を得ることがほぼ無理であることが1つの要因になっている。

### ③子育て支援活動，特に虐待への対応，家庭の中の暴力（DV）への介入

　保護者による子どもの虐待は，今や家庭教育や子育ての支援という枠を超えた，きわめて深刻な社会問題となっている。虐待は，身体虐待，心理的虐待，性的虐待および育児放棄（ネグレクト。最低限の養育がなされていない状態）からなる。多くは完全に家庭の中で生じている暴力・人権侵害であるため，外部から発見しにくく，介入も進めにくい問題である。

　子育てに関しても，子どもの育て方がわからない，自らの子育てを他の家庭の子育てと見比べる機会がない，相談する相手がいない，親としてのストレス解消がうまく進まないといった，複雑な社会情勢が反映している。女性によっては，出産前から自らが母親になることに対する大きな不安感・違和感を抱いている人もいる。また，複数のきょうだいの子育てをしながら，特定の子どもに対してのみ愛情がわかず，厳しすぎる対応を取ってしまうという，やや複雑な心理も認められることがある。

　なお，虐待・家庭内の暴力に関しては，原則として家庭の中の弱者が被害に遭い続け，助けを受けられにくいままに慢性化しているという図式があり，乳幼児・児童だけでなく，青年期にある子ども，病弱で介護を必要とする者，高齢者などまでが被害に遭っている。また，日本的な家庭内暴力と呼ばれるのは，学校不適応や社会的に活躍する役割を持てない子どもから，ストレスのはけ口的な暴力被害を，多くは母親ないし父親，それ以外のきょうだいや祖父母などが受けている場合である。

ドメスティックバイオレンス（DV）とは，主に夫婦あるいは同居・親しく交際している男女関係の間における暴力の問題を指す用語である。被害者の大半は女性であり，立場や権利の弱い女性を支援するフェミニスト・セラピィの活動とも関連する（こちらには，いわゆるセクシャルハラスメントやストーカーの問題，暴力ではないが，過剰な負担や侮辱，苦痛を強いられている主婦の問題なども含む）。

　その他，電話（ホットライン）による支援や暴力から一定期間逃れるための，シェルターでの支援なども行われている。カウンセリングとしては，被害者の恐怖や不安，自己を過剰に責めてしまう傾向への介入など幅広い支援が考えられる。

　家族や身内への虐待や暴力は一種の依存であり，外部からの支援や介入が入った後も繰り返される場合が非常に多い。虐待や暴力の被害者に対する支援はもちろん，加害癖のある者に対するカウンセリングも必要であるが，この面での対応はわが国の現状では後れをとっていると言わざるを得ない。

**④大学・専門学校等学生相談活動，異文化適応支援**

　主に10代の終わりから20代の若者を受け入れる専門学校や大学で，不適応の状態にあり，援助・改善のきっかけを得ることなく時間を過ごしている状態にある者が少なくない。もともとこの年代は，精神障害の好発期であり，かつ親や教師からの圧力が一気に弱くなり，多くの自由な時間と付き合い関係の変化を経験する時期である。また自我同一性の獲得の過程で，不安定になることの多い時期である。さらに現代は，これらの若者層を，立派に社会貢献できる大人として受け入れるよりも，貴重なマーケットの対象としたがる時代である。残念なことに，若者がいつまでも幼くあり続けることを歓迎する社会システムができつつある。

　専門学校や大学という組織および大半の教職員は，学生の生活面への

支援にはきわめて不利な状況にあり，学生相談のあり方については，キャンパスの中のクリニックとして機能するのか，あるいはあくまでキャンパスというコミュニティに密着したカウンセリングとして機能するのか，岐路に立たされている機関やカウンセラーは少なくない。

なお，最近はどの大学も留学生を多数引き受けているが，異文化間不適応の問題も深刻である（本質的には学生相談に限った困難ではないが）。言葉の問題以外にも，いわゆるオーソドックスな心理カウンセリングの理論・技法のみでは対応できない困難さを多数はらんでいる。このニーズに対応可能なカウンセラーの育成も深刻な課題であり，留学経験があり，外国語コミュニケーションに長けた経験あるカウンセラーに負担が集中しているという現状にある。

⑤高齢者支援

高齢者支援は，孤独を支えることである。家族が最小限の単位（親と成人までの子）で構成される流れにあり，地域との結びつきが弱くなる中で，高齢化は急速に進んでいる。身体や精神機能の不自由さとその介護に端を発する深刻な問題が起こりやすい一方で，身体医学的には健康であるけれど生き甲斐を持てない，日常生活で話し相手がいなくて寂しいという悩みも多い。また，住居，家族の負担の押し付け合い，財産をめぐってのトラブルや高齢夫婦の離婚の問題などで不安や抑うつを高めやすい。高齢者をターゲットとした犯罪，詐欺事件なども増加している。

一般に高齢者は，コミュニティの中で最も人格的に優れ落ち着きがあり，我欲から超越した存在であると見なされがちである。逆にそこが，心理面での悩みを相談したり，援助を求めることへの心理的抵抗になっている。

高齢者支援カウンセリングには，家族を介しての支援，病院や施設，地域の高齢者グループを介しての支援など，さまざまな形態がある。

⑥自殺への対応，死別への対応

　自殺はきわめて身近な問題である。わが国では，2000年前後を境に自殺者が急増しており，自殺率ではだんトツでトップを独走する東欧圏諸国に迫り，その他の欧米先進諸国に対しては，かなりの差を広げている。自殺は，施設や病院だけでなく企業や学校，地域のあらゆる集団の中で留意されるべき問題であり，抑うつとの高い関連性も指摘されているものの，実効ある対応を取りにくい深刻な問題である。必ずしもコミュニティ・アプローチに固有の問題というわけではないが，クライエントの生活を完全に把握，コントロールできない相談体制の中では，対応が困難である。

　また，よく言われるように，「『死ぬ，死ぬ』というやつほど実際には長生きする」とか，「一度自殺に失敗したら二度と試みないので大丈夫」というような，何の根拠もないデタラメによって，必要な対応が遅れてしまうことがあるので，注意を促す役割をカウンセラーも果たさねばならない。

　いのちの電話相談は，わが国のボランティアによるカウンセリング支援の草分けで，全国すべての都道府県に組織があり，多数の相談員とその支援者で構成されている。自殺だけでなく，精神的に危機的状況にある人への支援を行ってきており，基本的にはボランティアとはいえ，相談員の研修システムも充実している。

　なお，自殺に限らず，家族や知人など，残された者の喪失感，失望感，罪悪感，自他への怒りなどの心の傷に対する危機介入が必要となる場合も多い。

⑦犯罪・災害被害者支援

　身体面での健康あるいはそこから得ていた普通の幸せな生活，愛する対象や家族や仲間，財産などを，予想もしなかった犯罪の被害に遭うこ

とで一度に失うという経験は、しばしば急性ストレス障害と呼ばれるような、一時的な心身の不調をもたらす。それでも多くの人間が数ヶ月後に立ち直って、元の社会生活を復活させるという事実は、むしろ驚異ですらある。地下鉄サリン事件の多くの被害者が、数日後に地下鉄通勤を開始したという例がある。

　しかしその一方で、ショックを受けてから一ヶ月たっても解消に向かうことができず、PTSDと呼ばれる持続的な精神障害と適応不全を招くことがある。これらの人たちは、怠け、さぼり、さらには仮病などと評価されたりすることも稀でなく、それが二次的な被害になることさえある。

　同じ体験をしながら、PTSDとなる人とならずにすむ人がいる。この背景にあるメカニズムについて、はっきりした知見は得られていない。安易に個人の性格の弱さに帰属させる「悪意なき審判」に、カウンセラーとして加担するようなことがあってはならない。

　PTSDの主な症状は、①恐怖の再体験（フラッシュバック。恐ろしい夢による睡眠の障害）、②ショックと関連する場面や刺激からの回避による生活困難、③持続的な緊張や不眠、神経過敏、情緒不安定や原因不明の身体不調などである。中には、直後には平静であったのに、発生から半年ほどで不調が強くなるような遅延型PTSDもあることが知られている。思春期以前の場合には、子どもがえり現象も少なくない。頭がしっかり働かない、常にボーッとしているというような乖離（ストレスによる脳の情報処理における一過性の機能異常で、通常はストレスの解消とともに自然に回復する）と呼ばれる現象が認められることは大人でも少なくない。

　わが国における災害被害者への心理的支援は、1995年に発生した阪神淡路大震災が大きな契機となった。被災直後の避難所・待機所での巡回

相談，ショックを受けている子どもたちとその保護者のための学校訪問，その後の仮設住宅居住者への支援，行政機関での相談窓口開設，電話での相談，心の面に支援する行政職員や学校教師のための研修会開催などが行われた。

スクールカウンセラー制度の整備により，学校教育の中で起こった衝撃的な事件に対する対応のノウハウはかなり蓄積されつつある。

⑧その他

その他，カウンセリングのコミュニティ・アプローチがすでに活動している，あるいは期待される領域は少なくない。例えば，中学校時代までの長期不登校の支援，中学校卒業後あるいは高校中退，退職後も社会参加が困難になっている若者および成人の，いわゆる社会的ひきこもりの本人および家族への支援，死期を迎えた人に対する心理面の支援（ターミナル・ケア），HIV感染者支援，カルト集団脱会者支援などがある。

筆者はこれらの中で特に，中学校時代にすでに長期不登校状態に陥り，そのままひきこもりの状態にある10代の子をかかえた保護者の支援に携わっている。中学校までの学校からの関わりが途絶え，どこに相談を継続したらよいのかさえ見えなくなる時の不安，一切のきっかけがなくなったことによるあせり，家庭の中の漠然とした暗さ，外出できない本人に代わって行う負担がいつまで続くのかという見通しの持てなさから来る抑うつなどを支援している。何より「親の育て方の失敗」に向かいがちな思考の流れをどのように方向転換するかについては，カウンセラーとして苦労が多い。本人の動きの兆しにじっと関心をはらい続けつつ，チャンスをうかがう体制を維持するための援助であり，支援する側も心理的なコンディション作りを心がけなければならないと感じている。

## 4. おわりに

　コミュニティへのアプローチについて，できるだけ新しい流れを踏まえて紹介した。言葉は美しいが，「いらぬおせっかい」とは紙一重の，不安定なサービスであってはならない。何より専門性のある仕事として確立するためには，単なるボランティアではなく，その活動により収入を得ることができるシステムの確立が望まれる。まだまだ乗り越えなければならない課題は多い。献身的なパイオニアが切り開いた実践という細道を，対人援助の専門性の基礎をしっかり身につけた活力あふれる後輩が整備・拡張していくことが期待されている。

〔参考文献〕
斎藤　環（1998）『社会的ひきこもり：終わらない思春期』（ＰＨＰ研究所）
こころのケアセンター（1999）『災害とトラウマ』（みすず書房）
氏原寛・成田善弘(2000)『臨床心理学3　コミュニティ心理学とコンサルテーション・リエゾン』（培風館）
山本和郎（2001）『臨床心理学的地域援助の展開：コミュニティ心理学の実践と今日的課題』（培風館）
黒沢幸子（2002）『指導援助に役立つスクールカウンセリング・ワークブック』（金子書房）
マリアン・コーリィ，ジェラルド・コーリィ，下山晴彦監訳（2004）『心理援助の専門職として働くために』（金剛出版）

〈資料〉 **臨床心理士倫理綱領**

制定：平成2年8月1日

　本倫理綱領は臨床心理士倫理規定第2条に基づき臨床心理士倫理規定別項として定める。

前　文
　　臨床心理士は基本的人権を尊重し，専門家としての知識と技能を人々の福祉の増進のために用いるように努めるものである。そのため臨床心理士はつねに自らの専門的な臨床業務が人々の生活に重大な影響を与えるものであるという社会的責任を自覚しておく必要がある。したがって自ら心身を健全に保つように努め，社会人としての道義的責任をもつとともに，以下の綱領を遵守する義務を負うものである。

<責任>
第1条　臨床心理士は自らの専門的業務の及ぼす結果に責任をもつこと。その業務の遂行に際しては，来談者の人権尊重を第一義と心得，個人的，組織的，財政的，政治的目的のために行ってはならない。また，強制してはならない。

<技能>
第2条　臨床心理士は訓練と経験によって的確と認められた技能によって来談者に援助・介入を行うものである。そのためつねにその知識と技術を研鑽し，高度の技能水準を保つように努めること。一

方，自らの能力と技術の限界についても十分にわきまえておかなくてはならない。

＜秘密保持＞
第3条　臨床業務従事中に知り得た事項に関しては，専門家としての判断のもとに必要と認めた以外の内容を他に漏らしてはならない。また，事例や研究の公表に際して特定個人の資料を用いる場合には，来談者の秘密を保護する責任をもたなくてはならない。

＜査定技法＞
第4条　臨床心理士は来談者の人権に留意し，査定を強制してはならない。またその技法をみだりに使用しないこと。査定結果が誤用・悪用されないように配慮を怠ってはならない。
　　　　臨床心理士は査定技法の開発，出版，利用の際，その用具や説明書等をみだりに頒布することを慎むこと。

＜援助・介入技法＞
第5条　臨床業務は自らの専門的能力の範囲内でこれを行い，つねに来談者が最善の専門的援助を受けられるように努める必要がある。
　　　　臨床心理士は自らの影響力や私的欲求をつねに自覚し，来談者の信頼感や依存心を不当に利用しないように留意すること。その臨床業務は職業的関係のなかでのみこれを行い，来談者又は関係者との間に私的関係をもたないこと。

＜専門職との関係＞
第6条　他の臨床心理士及び関連する専門職の権利と技術を尊重し，相

互の連携に配慮するとともに，その業務遂行に支障を及ぼさないように心掛けること。

<研究>
第7条　臨床心理学に関する研究に際しては，来談者や関係者の心身に不必要な負担をかけたり，苦痛や不利益をもたらすことを行ってはならない。
　　　研究は臨床業務遂行に支障をきたさない範囲で行うよう留意し，来談者や関係者に可能な限りその目的を告げて，同意を得た上で行うこと。

<公開>
第8条　公衆に対して心理学的知識や専門的意見を公開する場合には，公開者の権威や公開内容について誇張がないようにし，公正を期すること。特に商業的な宣伝や広告の場合には，その社会的影響について責任がもてるものであること。

<倫理の遵守>
第9条　臨床心理士は本倫理綱領を十分に理解し，違反することがないように相互の間でつねに注意しなければならない。

附則
　　　本倫理綱領は平成2年8月1日より施行する。

　　　　　　　　　　　　　　　　　　（財）日本臨床心理士資格認定協会

# 索 引

（注）「＊」印は人名を示す。

## ●あ 行

愛情剥奪……………………………76
IP …………………………………134
アクスライン＊……………………137, 138
アサーション・トレーニング ……149
アセスメント………………………82
アセスメント力……………………32
アドラー＊…………………………24
アンナ・O＊…………………………18, 37
医学的治療…………………………70
育児放棄（ネグレクト）…………161
意識…………………………………116
いのちの電話………………………164
異文化適応…………………………162
「いま，ここ」……………………58
「いま，ここ」での気づき………102
医療関連領域………………………27
陰性転移……………………………43
インテーク面接 ……………………82, 85
インフォームド・コンセント
　（告知義務）……………………32
受身的………………………………61
受身的態度 …………………………109
うつ病………………………………77
エス…………………………………117
SST …………………………………149
HIV感染者支援 ……………………166
エディプス期………………………79
エディプス・コンプレックス……79
MSSM ………………………………140
エリクソン＊………………………76
エンカウンター・グループ
　………………………………145, 147
円環的理解…………………………133
演劇的性格…………………………73
煙突掃除……………………………19
応答の様式 …………………………101
応用行動分析法 ……………………124
オペラント条件付け ………………130
親のカウンセリング………………28, 139
終わり方……………………………114

## ●か 行

快感原則 ……………………………118
解釈…………………………………43, 96
ガイダンス…………………………15
外的対象……………………………23
回避…………………………………124, 165
回避型性格…………………………73
乖離…………………………………165
カウンセラー………………………30
カウンセラーの一致性と純粋性……57
カウンセラーの基本的態度………52
カウンセリングの限界と危険性…32
カウンセリング（心理療法）の前史
　……………………………………16
カウンセリング（心理療法）の定義
　……………………………………15
カウンセリングの場所……………84
カウンセリングの約束……………82
カウンセリング・ルーム…………84
学習…………………………………125
家族構成……………………………82
家族力動……………………………83
家族療法……………………………36, 44
家族歴………………………………64
カタルシス…………………………37
葛藤…………………………………21
カルト集団脱会者…………………166
河合隼雄＊…………………………89

| | |
|---|---|
| 簡易心理療法 | 35, 41 |
| 感覚 | 120 |
| 関係性 | 82, 90 |
| 関係の喪失 | 89 |
| 観察自我 | 36 |
| 感情 | 120 |
| 感情の確認 | 58 |
| 感情の転移 | 97 |
| 感情の反映 | 58 |
| 感情の反射 | 102 |
| 感情の明確化 | 102 |
| 簡単な受容 | 101 |
| 危機介入 | 154 |
| 起源神経症 | 97 |
| 危険性 | 32 |
| 器質精神病 | 71 |
| 機能不全 | 155 |
| 基本的信頼 | 76 |
| 基本的信頼対不信感 | 76 |
| 逆制止 | 50 |
| 虐待 | 161 |
| 逆転移 | 85 |
| 教育関連領域 | 28 |
| 強化 | 132 |
| 境界人格障害 | 73, 74, 77 |
| 驚愕反応 | 71 |
| 共感 | 54, 57, 86, 88 |
| 共感的 | 82 |
| 強迫神経症 | 78 |
| 強迫性格 | 73 |
| 強迫性障害 | 125 |
| 恐怖症 | 124 |
| 禁欲規則 | 92 |
| クライエント | 100 |
| クライエント中心療法 | 24, 31, 44 |
| クライン* | 23, 137 |
| 繰り返し | 101 |
| グループ・カウンセリング | 145 |
| グループのプロセス | 148 |

| | |
|---|---|
| 訓練 | 32 |
| 訓練療法 | 36, 38 |
| 経験と自己構造 | 121 |
| 継時近接法（successive approximation) | 126 |
| 傾聴 | 54, 60, 107, 111 |
| 系統的脱感作法 | 126 |
| 嫌悪療法 | 50 |
| 元型 | 24, 119 |
| 現実機能 | 117 |
| 現実原則 | 118 |
| 現実検討 | 74 |
| 現実脱感作法 | 126 |
| 原始的な心理療法 | 16 |
| 原始的防衛 | 23, 75 |
| 行為に移された転移 | 97 |
| 拘禁反応 | 71 |
| 攻撃 | 114 |
| 攻撃的加虐の衝動 | 79 |
| 攻撃的破壊のエネルギー | 118 |
| 口唇期 | 76 |
| 口唇性格 | 76 |
| 構造（structure） | 15 |
| 好訴妄想 | 71 |
| 行動化 | 114, 138 |
| 行動療法 | 38, 49, 124 |
| 肛門期 | 78 |
| 肛門性格 | 78 |
| 合理機能 | 120 |
| 合理情動（行動）療法 | 129 |
| 高齢者支援 | 163 |
| 心のケア | 29 |
| 心の病の種類 | 71 |
| 後催眠暗示 | 20 |
| 個人開業 | 29 |
| 個人心理学 | 24 |
| 個人心理療法 | 36 |
| 個人的無意識 | 24, 119 |
| 固着点 | 94 |

事柄の明確化 …………………101
コラージュ ……………………141
コンサルテーション…………28, 156

●さ　行

再体験（フラッシュバック）………165
催眠術………………………………17
催眠浄化法…………………………19
催眠性トランス……………………46
催眠療法……………………………46
サリヴァン*………………………23
参加モデリング法………………126
三者関係……………………………79
死 …………………………………111
ジェンドリン*……………………106
自我……………………………117, 119
自我異和的…………………………74
自我機能 …………………………146
自我境界……………………………74
自我心理学…………………………22
自我心理学派………………………23
自我親和的…………………………74
自我同一性………………………43, 80
自我の統合機能……………………74
自我の防衛機能……………………21
資源………………………………157
自己…………………………………119
自己愛性格………………………73, 74
思考…………………………………120
自己開示……………………………103
自己概念……………………………59
自己概念が一致……………………122
自己回復力………………………30, 31
自己顕示的…………………………79
自己催眠……………………………38
自己催眠状態………………………46
自己実現……………………………59
自己理論……………………………121
自殺……………………………111, 164

支持…………………………………42
事実（事柄）の世界……………107
支持的態度…………………………60
支持療法……………………………36
システム…………………………133
シゾイド性格………………………73
失見当識……………………………77
疾病利得抵抗………………………95
失歩…………………………………80
質問………………………………111
失立…………………………………80
児童治療……………………………45
児童分析…………………………137
自発性対罪悪感……………………79
嗜癖…………………………………77
シャーマン…………………………31
社会適応能力……………………146
社会的ひきこもり………………166
社会的役割…………………………43
シャルコー*………………………18
習慣………………………………125
終結…………………………………88
集団心理療法………………36, 145
集団精神療法……………145, 146
集中性緊張解放……………………46
集中的グループ体験……………147
集中的な暴露……………………126
自由連想……………………………41
自由連想法…………………………20
主訴…………………………………63
受動性………………………………92
受動的態度…………………………54
守秘義務……………………………83
受容 …………………………42, 83, 86, 88
受容する態度………………………53
受容的………………………………82
受容的態度…………………………60
ジョイニング……………………160
消去………………………………133

| | |
|---|---|
| 症候学的診断 | 65 |
| 症候学的な見立て | 70 |
| 症候性てんかん | 72 |
| 症状精神病 | 71 |
| 情緒的過程 | 105 |
| 症例エリザベート | 20 |
| 初回面接 | 85 |
| 除条件づけ法 | 50 |
| 除反応 | 37, 42 |
| 自律訓練法 | 46 |
| 自律訓練療法 | 38 |
| 自律性対恥 | 78 |
| 自立的機能 | 117 |
| 心因 | 71 |
| 心因反応 | 71 |
| 人格障害 | 73 |
| 神経症 | 71 |
| 真性てんかん | 72 |
| 深層心理学 | 22 |
| 身体感覚 | 106 |
| 身体虐待 | 161 |
| 心的外傷 | 76 |
| 心的決定論 | 25 |
| 心的現実 | 67 |
| 信念体系 | 130 |
| 新フロイト派 | 23 |
| 信頼関係 | 100 |
| 心理教育センター | 28 |
| 心理的虐待 | 161 |
| 心理的世界 | 107 |
| 心理療法 | 16 |
| スーパーヴィジョン | 62, 138, 156 |
| スキーマ | 129 |
| スクイグル | 140 |
| スクールカウンセラー | 159 |
| スクールカウンセリング | 28, 159 |
| スティグマ | 156 |
| 性概念の変更と拡張 | 22 |
| 性格障害 | 73 |
| 性格防衛 | 96 |
| 生活史 | 40, 65 |
| 生活史聴取の目的 | 67 |
| 制止 | 38 |
| 性衝動 | 22 |
| 精神交互作用 | 25, 47 |
| 精神遅滞 | 72 |
| 精神分析 | 39 |
| 精神分析的心理療法 | 39 |
| 精神分析の確立 | 21 |
| 精神分析療法 | 91, 105 |
| 精神分析理論 | 30, 31 |
| 精神分裂病 | 72 |
| 性的虐待 | 161 |
| 性的なエネルギー | 118 |
| 青年期 | 80 |
| 正の強化 | 132 |
| 責任 | 32 |
| 摂食障害 | 125 |
| 絶対臥褥 | 25 |
| 絶対臥褥期 | 48 |
| 折衷の立場 | 100 |
| セラピスト | 30 |
| 前意識 | 116 |
| 前額法 | 20 |
| 潜在性精神病 | 62 |
| 全体論的医学 | 39 |
| 全体論的な見方 | 63 |
| 躁うつ病 | 72 |
| 組織的な心理療法 | 35 |

●た 行

| | |
|---|---|
| ターミナル・ケア | 166 |
| 体験様式 | 106 |
| 退行 | 77, 93 |
| 退行現象 | 138 |
| 対象関係機能 | 117 |
| 対象関係論学派 | 23 |
| 対象飢餓 | 77 |

対人（社会）恐怖 ……………125
対面法 …………………………41
鑪（幹八郎）* ………………107
脱感作 …………………………38
段階的な暴露 …………………126
談話療法 ………………………19
チーム医療 ……………………27
知覚の確認 ……………………58
父同一化 ………………………79
中間領域 ………………………97
中断事例 ………………………115
中毒性精神病 …………………72
中立性 …………………………92
中立的態度 ………………55, 61
長期不登校 ……………………166
超自我 …………………………117
超自我抵抗 ……………………95
直面化 …………………………102
直感 ……………………………120
治療過程スケール ……………103
治療契約 ………………………93
治療構造（structure）……52, 91
治療者としての分別 …………92
治療抵抗 ………………………105
治療的退行 ……………………94
治療同盟 ………………………36
治療の中断 ……………………110
治療面接 ………………………68
治療目標 ………………………41
沈黙 ……………………………110
抵抗 …………………………21, 94
抵抗分析 ………………………96
定式化 …………………………66
デカルコマニー ………………141
適応機能 ………………………117
徹底作業 ………………………99
転移 ……………………………97
転移解釈 ………………………43
転移・逆転移 …………………105

転移神経症 ……………………97
転移性抵抗 ……………………95
トイレットトレーニング ……78
同一性の拡散 ……………44, 74
道義的責任 ……………………32
統合機能 ………………………117
統合失調症 ………………72, 77
洞察 …………………………37, 96
洞察志向的集団精神療法 ……147
洞察療法 …………………36, 37
同性愛的傾向 …………………79
動物磁気説 ……………………16
ドメスティックバイオレンス ……162

●な 行
内因性精神病 …………………72
内観療法 ……………25, 38, 50
内向—外向 ……………………120
内的対象 ………………………23
内的リアリティ ………………107
ナンシー学派 …………………18
認知行動療法 ………124, 138
認知行動理論 …………………30
認知療法 ………………………124

●は 行
パーソナリティ障害 …………73
パーソナリティ理論 …………116
パーソン・センタード ………56
バーンアウト …………………161
爆発型性格 ……………………73
暴露反応妨害法 ………………128
暴露法（exposure）…………126
箱庭 ……………………………140
箱庭療法 ………………………36
発達課題 ………………………80
発達論的な見方 ………………75
パニック障害 …………………125
母同一化 ………………………79

バビンスキー* ……………………18
反社会的性格 ……………………73
反動形成 …………………………95
反復強迫 …………………………95
PTSD（外傷後ストレス障害）
　………………………125, 165
非合理機能 ………………………120
非指示的 …………………………56
非指示的リード …………………101
ヒステリー神経症 ………………80
ヒステリー性格 …………………79
ヒポコンドリー性基調 ………25, 47
秘密保持 …………………………32
表現療法 ………………………36, 37
病識 ………………………………70
病的退行 …………………………94
病歴 ………………………………63
広場恐怖 …………………………125
ファシリテーター ……………147, 148
ファンタジー・グループ ……145, 150
フィンガー・ペインティング ……150
風景構成法 ………………………140
フェダーン* ……………………23
フェルト・センス ………………106
フェレンチ* ……………………92
フェレンチ的態度 ………………92
フォーカシング …………………106
負の強化 …………………………132
普遍的無意識 ………………24, 119
ブリーフセラピー ………………124
ブロイアー* ……………………18
フロイト* ………19, 30, 85, 91, 116, 137
フロイト的態度 …………………92
文化学派 …………………………23
分析心理学的心理療法 …………51
分析的心理学 ……………………38
分離 ………………………………95
ベーシック・エンカウンター・
　グループ ………………………147

ベルネーム* ……………………18
防衛 ………………………………105
防衛解釈 …………………………43
防衛機制 …………………………118
防衛機能 ……………………95, 117
防衛の転移 ………………………97
ホーナイ* ………………………23
母子並行面接 …………………139, 140
保証 ………………………………43
ほめられ …………………………114

●ま 行
マーラー* ………………………23
見捨てられ不安 …………………114
見立て ……………………………70
無意識 ………………30, 40, 116, 118
無意識の領域 ……………………21
無条件の肯定的配慮 ……………57
明確化 ……………………………43
メスマー* ………………………16
メスマーの動物磁気説 …………16
メニンジャー* …………………93
面接料 ……………………………87
森田正馬* ………………………25
森田神経質症 ……………………47
森田療法 …………………25, 38, 47

●や 行
遊戯療法 ……………28, 36, 45, 137
優勢 ………………………………120
夢解釈 ……………………………22
ユング* ……24, 30, 38, 51, 85, 116, 119
幼児期の重視 ……………………22
幼児性欲論 ………………………22
陽性感情 …………………………54
陽性転移 …………………………43
抑圧 ……………………………21, 95
抑圧抵抗 …………………………95
吉本伊信* ……………25, 38, 50

予備面接……………………68

●ら　行
来談者中心……………………56
リエゾン機能…………………28
リエボー*………………………18
理解の確認……………………58
力動的診断……………………66
力動的心理療法……………39, 91
力動的な見立て……………70, 75

リソース………………………157
リビドー………………………118
リラクセーション……………126
臨床心理士…………………29, 31
倫理規定………………………31
倫理綱領………………………31
劣等機能………………………120
連携………………………83, 84
ロジャーズ*
　　…………24, 100, 103, 116, 121, 147

# 分担執筆者紹介

（執筆章の順）

**滝口　俊子**（たきぐち・としこ）　7章

東京都に生まれる
立教大学文学部心理教育学科卒業
立教大学大学院文学研究科心理学専攻修了
現在　放送大学名誉教授
専攻　臨床心理学・深層心理学
主な著書　『子どもと生きる心理学』（法藏館）
　　　　　『臨床心理士のスクールカウンセリング』〈共編〉（誠信書房）
　　　　　『ザ　臨床心理学科』〈共編〉（創元社）
　　　　　『スーパーヴィジョンを考える』〈共編〉（誠信書房）
　　　　　『学校臨床心理学』〈編著〉（放送大学教育振興会）

**神村　栄一**（かみむら・えいいち）　12・15章

1963年　福島県に生まれる
1986年　筑波大学第二学群人間学類卒業
1991年　筑波大学大学院博士課程心理学研究科満期退学
現在　新潟大学教育人間科学部准教授
専攻　臨床心理学・教育心理学
主な著書　『ストレス対処の個人差に関する臨床心理学的研究』（風間書房）
　　　　　『臨床心理学からみた生徒指導・教育相談』〈共著〉（ブレーン出版）
　　　　　『認知療法ケースブック』〈共著〉（星和書店）
　　　　　『臨床心理基礎実習』〈共著〉（培風館）

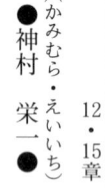

**佐藤　仁美**（さとう・ひとみ）　口絵・13章

1967年　静岡県に生まれる
1989年　日本大学文理学部心理学科卒業
1991年　日本大学大学院文学研究科心理学専攻博士前期課程修了
現在　放送大学准教授・臨床心理士
専攻　臨床心理学
主な著書　『思春期・青年期の心理臨床』〈共編著〉（放送大学教育振興会）
　　　　　『心理臨床とイメージ』〈共編著〉（放送大学教育振興会）

# 編著者紹介

**馬場 謙一（ばば・けんいち）**
1・3・4・5・6・8章

| | |
|---|---|
| 1934年 | 新潟県に生まれる |
| 1958年 | 東京大学文学部独文学科卒業 |
| 1962年 | 慶應義塾大学医学部卒業 |
| 現在 | 放送大学客員教授 |
| 専攻 | 精神病理学・精神分析学 |
| 主な著書 | フロイト『精神分析入門』〈共訳〉（日本教文社）<br>ベネデッティ『精神分裂病論』（みすず書房）<br>ドイッチュクローン『黄色い星の下に』（岩波書店）<br>『青年期の精神療法』〈編著〉（金剛出版）<br>『心の病』〈共著〉（有斐閣）<br>『精神科臨床と精神療法』（弘文堂） |

**橘 玲子（たちばな・れいこ）**
2・4・9・10・11・13・14章

| | |
|---|---|
| 1937年 | 新潟県に生まれる |
| 1959年 | 新潟大学教育学部卒業 |
| 1961年 | お茶の水女子大学家政学部専攻科修了 |
| 現在 | 新潟青陵大学大学院教授 |
| 専攻 | 臨床心理学 |
| 主な著書 | 『臨床心理学大系18巻 心理療法の展開』〈共著〉（金子書房）<br>『スーパーヴィジョン』〈共著〉（誠信書房）<br>『臨床心理「ケース研究5」』〈共著〉（誠信書房）<br>『臨床心理学特論』〈共著〉（放送大学教育振興会） |

---

放送大学教材　1529366-1-0511（ラジオ）

## 改訂版　カウンセリング概説

発行────2001年3月20日　第1版第1刷
　　　　　2005年3月20日　改訂版第1刷
　　　　　2014年6月10日　改訂版第6刷

編著者──馬場　謙一
　　　　橘　　玲子

発行所────一般財団法人
　　　　　放送大学教育振興会
〒105-0001
東京都港区虎ノ門1-14-1
郵政福祉琴平ビル
電話・東京（03）3502-2750

市販用は放送大学教材と同じ内容です。定価はカバーに表示してあります。
落丁本・乱丁本はお取り替えいたします。Printed in Japan

ISBN978-4-595-30513-9　C1311